正　　好　　讀　　書

正好讀書

如佛一樣生活

道元法師與曹洞禪風

撰述｜吳繼文

審訂｜廖肇亨

繪圖｜洪 侃

目　錄

空手還鄉說道元 廖肇亨

中研院文哲所研究員

如佛一樣生活

如果沒有上個世紀出版的藏經資料，明清以前的曹洞宗祖師們的著作多數已成獅絃絕響，人間罕值知音。即令明清之際曹洞上一代尊宿覺浪道盛都感慨，宋代宏智正覺、真歇清了的著作無緣得見；江戶時代中期的日本僧人大典顯常、慈周六如、全苗月湛一度有意將在中國已經散佚、但卻完好保存在日本的祖師（特別是曹洞宗）著作送給中國。

晚明以來，曹洞宗雖然似乎尚有不絕如縷的法脈傳承，但曹洞禪法修習的實相已經無人知曉。明代以後，中國禪林儼然已經是看話禪一枝獨秀，念佛禪的工夫歷程其實與話頭禪相去不遠，即令曾經風靡一時的文字禪（儘管有種種不同的內涵）都已成夢幻泡影，明代以後，大慧宗杲在禪林的絕對權威基本上已然確立。不論是臨濟宗下的虎丘、楊岐，或是曹洞宗的少室、雲門、壽昌等派別，莫不以大慧宗杲為依歸。縱使萬曆三高僧之一的紫柏真可弘揚惠洪覺範與綱宗思想，漢月法藏的三峰派承襲其說，推動五家「綱宗」作為甄別，但只能說激起一陣小小的漣漪，絕對無法挑戰看話禪的權威，

觀晚明曹洞宗健將無異元來的《參禪警語》一書便可以思過半矣。

然而一衣帶水的日本禪林，曹洞宗始終維持著強大的生命力。

江戶時代以後，曹洞宗獲得幕府與一般民眾的廣泛支持，大有凌駕臨濟宗的氣勢。永平道元禪師《正法眼藏》一書終於得以正式刊行（在此之前都是以寫本的方式流傳），各種註釋也應運而生。江戶時代可以說是道元重獲大眾目光的關鍵年代，特別是在文化人之間，例如松尾芭蕉、良寬等人都表示對道元的欽仰孺慕。

《正法眼藏》是日本禪宗史上首部非漢文體的語錄，意義非同一般，看話禪的旗手大慧宗杲也有一部同名的著作。永平道元在《正法眼藏》一書對大慧宗杲大力抨擊，撞倒須彌山的用心不言可喻，而他最重要的資具，無疑就是曹洞宗默照禪的傳統。

　　時至明代，所謂「默照禪」代表人物宏智正覺已經成為傳說中的名字，其著作無法得見，遑論其思想內涵。因為有開祖永平道元，日本曹洞宗一直將宏智正覺、天童如淨視若拱璧，今人方得一窺默照禪法。當然，號稱「誤讀」（或說刻意隨心所欲、創造性地解讀經文）天才的永平道元絕不可能一成不變的接受前人的說法，多少也有因時因地應機的轉換，只是這需要更縝密的推求與比對。

　　從禪宗思想史的角度看，永平道元以「身心脫落」為悟道契機，以「眼橫鼻直」、「空手還鄉」為標記。「眼橫鼻直」大概不脫傳統上「法爾自然」的涵義。一說道元「空手還鄉」，乃指孤身回國，但熟悉禪宗傳統的人很難不對「空手還鄉」別有體會。「空手還鄉」這個說法結合了兩種禪宗理想，一是「赤手搏龍蛇」，也就是一空依傍，貧無立錐，而能開創天下；另一則是「高唱還鄉曲」，也就是此生安隱在自足圓滿的境界，遠離京都繁華地，開創禪宗的新境界，而且還堅守師門傳承，讓後世得以悟入大光明藏。

　　道元天資高妙，傳說他幼時讀儒書完全可以無師自通，但他從不自滿，看他在宋國修行時完全可以「脅不沾席」（不倒單），其刻苦自勵之狀可想而知。除了發揮一己之見的《正法眼藏》一書之外，這裡所收的幾部著作，正好可以看出他不擇時地精勤辦道的用心。古德修行，不雜用心，見此可以思過半矣。

　　永平道元是東亞禪學史、思想史上最重要、最有影響力的思想家之一，歐美學界對道元的研究早已汗牛充棟。華語圈研究道元的先驅當屬傅偉勳教授，之後吾友何燕生教授窮積年功力，譯註《正法眼藏》一書，亦大有功於道元。正好文化亦有志重接永平道元心光，讓更多讀者有機會得以認識這位東亞思想史上的巨人，也對禪宗文化的內涵與創造力有不同的體會。　■

究竟活法在平常行履處 梁正中
正好文化發行人

近十年，因探索為天命而生的「究竟活法」之道，我常參學日本各家，由民間開始，後到日本曹洞宗大本山永平寺掛單，如穿越時空，略窺唐宋禪門遺風一二。

曹洞宗開山祖師是中國的洞山良价（唐末、公元 807-869）和弟子曹山本寂，而其禪風源頭則是石頭希遷禪師（700-790）。石頭禪師留下不朽的〈草庵歌〉和〈參同契〉，其中〈草庵歌〉道出了他在南寺草庵保任（開悟後長養保持、順任本性）二十三年的日常生活。

第一句是：「吾結草庵無寶貝，飯後從容圖睡快。成時初見茅草新，破後還將茅草蓋。」石頭禪師告訴世人，吃飯、睡覺、結草庵似無所用心，卻正是修行者的切實用功之處。

而〈參同契〉則構成了曹洞宗的思想基礎，至今仍為日本曹洞宗僧人早晚課誦讀的經典。石頭禪師在〈參同契〉中創倡「回互」理論，核心是讓修禪者領會萬事萬物互不相犯

又相入相涉的關係，可在平常日用中加以體證，時時契入真如本性，久而久之就達到即事而真、事理圓融的境地。石頭禪師的思想由藥山惟嚴和雲岩曇成繼承並加以發揮，到洞山良价正式開宗立派。

日本曹洞宗的開山祖道元禪師是劃時代的宗門巨匠。他入宋時，中國禪林雖百花齊放，但已顯浮華，流弊百出，正信佛法陷淪喪之危。當時天童寺的如淨禪師遠離世俗，宗風古樸清新，以「只管打坐、身心脫落」接引學子。道元一見他就認作「正師」，並稱其為「古佛」。

道元在如淨座下開悟後，空手還鄉，飽經波折，終在遠離塵囂的福井縣開創了永平寺，八百年來一脈相承，實現了如淨叮囑的「莫住城邑聚落，莫近國王大臣，須居深山幽谷，時機未稔，接得一箇半箇，嗣續吾宗，勿令斷絕」。

道元並非全盤複製如淨的曹洞禪法，而是依據當時日本

佛教界實況及日本人的根性差異，加以「本地化改造」，形成了獨具特色的「永平之風」。

當年赴中國求法時，道元曾遇到兩位老典座（掌管僧眾飲食的職事），他們的「食事即修行」點醒了「只知參禪、不知辦道」的年輕道元。從此他特別留心觀察各寺院的食事作法，搜集整理相關叢林清規，回日本後更加以實踐闡揚，為後人留下了〈普勸坐禪儀〉、〈典座教訓〉和〈赴粥飯法〉三部禪修生活經典。

道元將石頭禪師〈草庵歌〉和〈參同契〉中「任運日用」、「即事而真」的思想落實到極致，宣導「威儀即佛法，作法即宗旨」。在永平寺，不僅打坐是修行，就連日常掃除、刷牙、洗臉、做飯、吃飯、洗澡、睡覺、上廁所，都在實踐佛法，簡直就是龐蘊居士（740-808）呈石頭禪師詩偈裡的畫面：「日用事無別，唯吾自偶諧。頭頭非取捨，處處沒張乖。朱紫誰為號？北山絕點埃。神通並妙用，運水及搬柴。」

八百年來，永平寺的每一天都上演著自宋以來叢林做飯吃飯的「正法」。道元說：「典座以絆為道心」。絆者，連結也。典者，天地運轉之規則也。典座者，以天地運行規則來供應僧眾飲食作為自身修行，若無道心，就是普通的廚師，即便終日勞碌也徒勞無益。典座順天時運行，不斷調整變化，一本「喜心、老心、大心」，烹飪出具備「三德六味」的食物，讓食物成為僧眾身心安定、用功辦道的助緣，才不愧為合格修行者。

而對受食者來說，不僅要全神貫注於進食，更應對支持自己的眾人由衷感恩，也對食物懷抱敬畏之意，並反思自己的德行是否配稱享用？宋代大儒程顥曾拜訪寺院看到僧眾吃飯的莊嚴場景，不禁正衣冠而讚歎道：「三代之禮樂，盡在其中也。」如今，永平寺所保留和傳承的三代之禮樂依舊如昨。

「永平寺體驗」給我最大的提醒正是——理上頓悟，更須

事上漸修。唐宋之人善根淳厚，叢林修行「但貴子知見，不貴子行履」；宋朝以後人心鈍化，不僅難頓悟本真，行履更不受重視。祖師大德因而權設方便，讓參禪者抱定一個死話頭「念佛是誰」，若用功得法，也能使狂心頓歇，由疑而悟。

如今物質與資訊無限擴張，人心更加忙亂，去聖時遙，明道者多，行道者少。南懷瑾先生也指出時下現象：「世智辯聰過人者甚多，寧可側重行履工用，不可取於狂知乾慧。」因此，從石頭希遷到永平道元一以貫之「平常行履處，乃見真面目」的日用作法，在現代更顯寶貴，或可謂解開當今世道人心問題之關鍵鑰匙。

然而，六祖慧能也曾棒喝「不識本心，學法無益」。正如宗杲禪師的偈頌：「佛子住此地，則是佛受用。常在於其中，經行及坐臥。」「此地」即人人本具的「心地」。吾輩眾生因貪愛塵境，終日向外馳求，不「住此地」，以致在現象世界的因果業緣中「流浪生死」。道人專注行履之際，也切莫

忘失歷代佛言祖語皆為喚醒本心，必須覺行俱圓，方成正果。

　　曹洞宗不僅發展成日本禪宗寺院和信眾人數最多的宗派，上世紀中葉更遠傳歐美。例如，以極簡美學影響世界的蘋果電腦創辦人賈伯斯（Steve Jobs, 1955-2011）十八歲就開始參禪，他的老師乙川弘文正是日本曹洞宗僧侶。

　　藉此三部道元經典的現代白話版發行，祈願經中國唐宋叢林祖師體證、再由日本永平寺一脈傳承至今的生活禪法，能再次照亮世界，幫助全人類走上「究竟活法」之道！　　■

●曹洞宗大本山永平寺全區圖摹本（洪侃／繪）

曹洞宗‧永平寺‧傳奇開山祖

如佛一樣生活

道元十三歲出家，經歷當時日本佛教界種種現實後，
帶著滿心疑惑前往中國（宋朝）尋師求道，
二十六歲獲如淨禪師印可，
即以返鄉弘揚祖師代代印心傳承的正法為己任。
他勇闖深山荒野，
開創一座完全比照中國正規禪院的「永平寺」，
並嚴格落實寺院生活戒律。

自十三世紀中葉迄今近八百年間，
道元精神仍活生生展現於永平寺每一天的日常修行，
永平寺絕對清簡、極致認真的獨特禪風，
也已廣泛地深入日本文化的許多層面。
源自中國的曹洞禪由道元帶回日本發揚光大，
而後甚且風靡歐美，
他留下的大量著作更是普天下求道者永遠的心靈瑰寶。

如果說佛教是印度的「發明」，那麼禪宗無疑是中國的「發明」，傳播到日本又被巧妙地移形換位，滲透到文化、藝術的肌理，進而開枝散葉，最後在漢字圈之外，連「禪」都約定俗成為日語發音的 ZEN。

佛法、禪修如此源遠流長，至今生生不息，必然有一種可超越時空又深入人性幽微的穿透力，是文明的重要印記。

佛教史傳奇人物
揚棄世俗化，回歸簡樸自省精神

日本曹洞宗開宗祖道元禪師是佛教史上眾多傳奇之一，他曾在禪宗盛極一時的南宋年間，跟隨許多前輩的足跡，遠渡重洋到禪宗「五山」之一的寧波天童寺參學，並成為一代曹洞宗師長翁如淨的嗣法弟子。而後回到日本，在沒有正規禪堂，禪者猶須依附以學問、戒律、密法為尚的既有寺院體系年代，靠著對佛陀、迦葉以迄達摩、慧能一脈相承所謂正傳的佛法無比堅定的信念，接引學人，進而開宗立教。

　　道元禪師公元 1200 年生於鎌倉時代京都的貴冑之家，但年幼即失怙、失恃，十四歲在比叡山延曆寺剃度，接受傳教大師最澄在九世紀開創、源自天台大師智顗以《法華經》為宗旨、提倡「教（教理）觀（止觀）雙修」的天台教學，後師事入宋歸來的日本臨濟宗開宗祖榮西禪師大弟子明全。1223 年隨明全入宋，遍訪諸山，1225 年於天童寺夏安居期間「身心脫落」大悟，獲如淨禪師印可。1228 年歸國，自謂體悟「眼橫鼻直」而「空手還鄉」，強調「只管打坐」心法，主張修行並非見性、開悟的手段，「本具的身心、真實的自己就是佛法，每天的修行本身即是證悟」，手段即目的，所有過程都是結果不可分割的一部分。

　　五年後，道元先在宇治建興聖寺，立正式禪堂，舉揚曹洞家風，並以《普勸坐禪儀》推廣禪修，一門深入，視之為正傳的佛法，吸引了不少武士、商賈、庶民階層信眾，也因此受到當時主流教學權威天台宗延曆寺之彈壓，於是記取如淨臨別「莫住城邑聚落，莫近國王大臣，須居深山幽谷，時機未稔，接得一箇半箇，嗣續吾宗，勿令斷絕」的贈言，揚

棄世俗化傾向的佛教，回歸佛陀簡樸、自省的精神，1244 年在遠離京都的北陸山區闢建大佛寺，兩年後改名永平寺，逐漸發展為與中土無異的正規禪宗道場，所謂「七堂伽藍」[1]。1253 年道元因病示寂，世壽五十四。

生活與修行打成一片
永平家風嚴峻，歷代秀異禪者輩出

在不算長的傳道生涯中，道元為貫徹所體悟的真理，不只以嶄新的角度闡釋佛典與公案（最後留下近百卷《正法眼藏》），並且詳細立下叢林清規作為生活準則，廚房如何準備餐點（《典座教訓》）、僧堂如何用餐（《赴粥飯法》），甚至如何洗臉、刷牙、洗澡、方便等，要求僧眾解、行並重。

在道元看來，只有透過語言文字去理解佛法、趨近真理

---

1 七堂伽藍指形制完整，配置了山門、佛殿、法堂、僧堂、庫院（廚房）、浴室、東司（廁所）等七種主要建築的寺院。（平面圖見 p.74）

是不夠的，必須堅守與（證悟的）佛一樣的行持，過著如法的
生活，因此行、住、坐、臥和誦經、參禪一樣重要，生活即
修行，一切都是真理的體現。

自十三世紀中葉迄今近八百年時間，以永平寺、總持寺
為首的曹洞宗教團，依舊奉行道元自祖庭天童寺帶回來的教
法與清規，素樸而刻苦的生活方式與修行環境，與古代幾無
二致，僧眾以七堂伽藍為中心，將生活與修行打成一片。

永平寺座落於面臨日本海的北陸地方福井縣山區，因交
通不便、寒冬冷冽而得以遠離塵囂，讓僧眾專心辦道；又因
其家風嚴峻卻又不失活潑，歷代秀異禪者輩出，儘管位處偏
鄉，海內外慕名而來的修行僧、參拜者仍終年不絕於途。

曹洞宗「只管打坐」
威儀即佛法，作法是宗旨

曹洞宗為禪宗五家七宗之一，以洞山良价為宗祖；「曹」
或指良价弟子本寂所居之曹山，或曰源自（六祖）曹溪慧能。

慧能門下南嶽懷讓一脈開創臨濟宗和溈仰宗，青原行思一脈則開創雲門、法眼、曹洞三宗；臨濟宗後又衍生楊岐、黃龍兩派。以臨濟、曹洞兩宗影響最為深遠，傳承至今。

臨濟宗以「棒」、「喝」著稱，通過公案、話頭應機施教，偏重行動上開導，所謂「看話禪」；曹洞宗以「默照禪」為特徵，主張「只管打坐」，不求見性、不為開悟，只因修行跟證悟不可分（「修證一等」），永恆的坐禪之姿即是（開悟的）佛，而生活中行住坐臥舉凡吃飯、洗澡、方便、作務皆是修行（「行解相應」）。

相對於臨濟禪參公案、看話頭充滿戲劇性的機鋒，曹洞禪的「只管打坐」彷彿平淡得多，甚至被譏貶為「默照邪禪」；反之，在道元看來，臨濟宗只視禪修為開悟的手段，可說是一種不究竟的「待悟禪」。

然而一個看似簡單的「只管打坐」法門可以普傳數百年而不衰，在日本甚至發展為下轄近一萬五千座寺廟的宗派，必有其非比尋常的動能。

日本曹洞宗禪師不只工夫做得深，以鈴木俊隆為代表的

禪師更積極赴海外基督教世界宣教，成果斐然。而以近、現代漢傳佛教地區而言，最活躍、影響力最大的首推堅持苦行、歷坐十五座道場、重興六大祖庭的虛雲老和尚，即是臨濟宗傳承的禪師；相對下並沒出現一位能夠比肩虛雲的曹洞宗大修行人，演示「威儀即佛法，作法是宗旨」的神髓，以致一直令外人難以一窺其精彩。

真理可以言傳
「道得」與「言得」差別就在有無「行持」

禪宗雖強調「己事究明」（認清自己本來面目），標榜「不立文字」，但並不意味經典、理論、文章不重要，而是要修行人（或者說真理的追求者）明白不管文字如何精深，都不是真理與智慧本身（「說似一物即不中」），如南泉普願禪師所說「道不屬知，不屬不知；知是妄覺，不知是無記」。真理與智慧必須通過修行者自身獨一無二的求索、內省與體驗來顯現，這也是道元歷經日本天台宗系統教學、榮西所傳臨濟宗薰陶、

南宋諸禪院洗禮，直到天童寺如淨禪師的直指單傳，最後獲得的確信與結論。

　　然而我們要如何解釋禪宗歷史上，一方面說不立文字，卻又留下大量語錄，看似自相矛盾的現象？

　　道元的說法，即是「道得」──真理是可以言說的。

　　就一個禪師而言，如果真有見地，必然可以找到適當的表現方式，藉助自己的行為與語言，傳達真理的面貌；不僅如此，「道得」尚有大用──可殺可活，可以救貓（「道得即救取貓兒，道不得即斬卻也。」[2]），也可以救火（「道得即開門」[3]）。道元近百卷《正法眼藏》，翻轉語言、雄辯滔滔，堪稱「道得」的極致[4]，但他也說「不言者，非不道，道得非言得故」（《正

2 見《景德傳燈錄》卷八「南泉斬貓」公案。
3 見《景德傳燈錄》卷十「趙州救火」公案。
4 《正法眼藏》是道元最重要的著作，據說本來計劃寫滿一百篇，但經其弟子、後世學者整編，主要有七十五卷本、十二卷本（道元晚年最後手筆〈八大人覺〉即收在十二卷本之末），以及遺漏的五卷，加上最早寫於後堀河天皇寬喜三年（1231）但未收入七十五卷本的〈辦道話〉，總共留下九十三卷、五十餘萬字的著述；如果再加上《普勸坐禪儀》、《典座教訓》、各式清規等單篇，以及由弟子記錄的法語（《永平廣錄》、《正法眼藏隨聞記》等），全部大約有七十五萬字。

法眼藏・海印三昧》），「道得」與「言得」的差別就在「行持」的有無。

如果「修證一等」（或說「修證不二」──當一個人開始修行的時候，他就直指本證，就是開悟，就是所謂「佛」）的觀點成立，那麼所有的修行都是「證上之修」（以佛之身、口、意在修行），所以修行人的所有言行必然也須具備佛之威儀。於是洗臉、刷牙、吃飯、睡覺、洗澡、理髮、剪指甲、大小便利，生活中的一切都同等重要，身心由外而內都要像佛一樣清淨。七百多年來，以永平寺為首的日本曹洞宗僧侶，都被要求遵守借鑒自唐宋叢林所建立的清規，將戒律、修行、生活合一的精神內化到時時刻刻的作息之中。

只要此時此刻心無雜念，放下對過去、未來的執著，對事事物物不去分別，「色即是空、空即是色，色不異空、空不異色」，但同時「色即是色、空即是空」[5]，回歸萬象本來

5　見道元《正法眼藏・摩訶般若波羅蜜》卷「色即是空也，空即是色也；色是色也，空即空也」。

面目（「什麼物恁麼來」），則每一個當下，都是在對的時間、
對的地方，看到真實的風光。這就是道元的消息：正師隨身，
不斷行持；應機說法，隨緣道得；身心脫落，只管打坐；全
體本然，法爾如是。

代表作《正法眼藏》
顛覆文字語言邏輯，翻轉想像力

　　道元的代表作《正法眼藏》不管就篇幅分量或內容的難
解程度，都是名副其實的皇皇巨著，即使在日本，歷代註釋、
語譯之書汗牛充棟，一般人仍難以深入堂奧，遑論與道元或
日本曹洞宗素無淵源的他方讀者。

　　所謂難解，並非文字之難，而是道元「道得」的方式──
顛覆漢字詞語邏輯，甚至頻繁使用誤讀、超譯（傅偉勳先生所謂
「創造性詮釋」）的手法，用來加強語意、進行獨特的詮解，或
表現一些微妙難言的見地。

　　比方以《增一阿含經》中「諸惡莫作，眾善奉行，自淨

其意，是諸佛教」所謂〈七佛通戒〉為例，歷來談到「諸惡莫作」，傾向將「莫作」視為動詞而解讀為「莫作諸惡」，但在道元眼中，當你誓願眾生「諸惡莫作」而修行時，即產生「莫作」之力，於是「莫作」須作形容詞解——諸惡將無可造作；也可以這麼看：因為山河大地皆是如實的存在（現成公案），只待你不帶相對之眼、分別之心去接受，一旦超越二元對立，善、惡即非有非無，則既無惡可作，也沒有造作者[6]。

再舉一例。

他引用《大般涅槃經》的名句「一切眾生，悉有佛性，如來常住，無有變易」，並不將「悉有」解讀為「全部都有」，而是當作「一切存有」，意即眾生，所以依照他的詮釋，這句話應該轉譯成「一切即眾生，悉有即佛性，如來乃常住、無、有、變易」[7]。

6 見《正法眼藏‧諸惡莫作》篇。
7 見《正法眼藏‧佛性》篇。

　　或者他引《景德傳燈錄‧卷五》南嶽懷讓和馬祖道一師生間著名的「磨磚作鏡、坐禪成佛」公案：馬祖常習坐禪，懷讓試探他，問「坐禪圖什麼」，馬祖說「圖作佛」，懷讓故意取一磚在石頭上磨，馬祖看了問他「作什麼」，懷讓答「磨作鏡」，馬祖即問「磨磚豈得成鏡」，懷讓回道「坐禪豈得成佛」，馬祖聽了大悟。

　　從臨濟宗看話禪立場解讀此則公案，意指若不懂得運心，只管打坐是無法開悟成佛的，但道元站在「本證妙修」的立場，認為坐禪的此刻，即是開悟的佛，因此無需再通過坐禪而成佛，於是在他看來，此一公案的重點不是勸誡修行人勿執著於坐禪，而是坐禪時不可有期待成佛的想頭[8]。

　　《正法眼藏》中還有很多俯拾即是的奇文妙解，比方談到一切存有在緣起中生滅去來，他如此開示：

　　魚游水中，水無際涯；鳥飛天空，天無界限。然自昔以來，

8 見《正法眼藏‧坐禪箴》篇。

魚不離水，鳥不離天……鳥若出天，當即死之；魚若出水，亦當即死之。當知〔魚〕以水為命，〔鳥〕以天為命。有以鳥為命者，有以魚為命者。以命為鳥，以命為魚……若得此所，則此行李隨之而現成公案；若得是道，則此行李隨之而現成公案。（《正法眼藏・現成公案》）

或說「存有即時間」──存有是時間堆疊的產物，一切存有即是一切時間，所有的現象、經歷，無非當下現成的「有時之而今」（永恆的現在）：

古佛言：「有時高高峰頂立，有時深深海底行；有時三頭八臂，有時丈六八尺；有時拄杖拂子，有時露柱燈籠；有時張三李四，有時大地虛空。」謂「有時」者，即「時」既是「有」也，「有」皆是「時」也。丈六金身是「時」也，以是「時」故，即有「時」之莊嚴光明……登山、過河時雖有我，然於「我」，則應有「時」；「我」既有，「時」則不應去。若「時」非去來之相，則上山時，即是「有時」之而今也。（《正法眼藏・有時》）

　　如此這般通過奇拔而突兀的表現方式，挑戰人們習以為常的邏輯、**翻轉**想像力，化有時而窮的語言文字為歧義的無限。

一本「道元入門」
最平易近人的三部漢文短篇

　　由於道元多數時候是以不落入二元對立的「最勝義諦」、「一如」平等觀，來鋪陳關於心、佛、眾生，或是存有與時間、修與證、生與死、善與惡等等的究竟樣態——「全體本然」的「現成公案」，而且很多法、理都是要伴隨行、證，亦即你必須帶著不染污的（脫落的）身心，行動與思維對象一如，才能較好地了解道元，或者說，與道元對話；但對於所有想更深入地認識道元、曹洞禪的人，若要不因《正法眼藏》的難解而卻步，或許就得另闢蹊徑。

　　這本書應該就是一個初步的嘗試。

　　道元《正法眼藏》是日文著述，已經有何燕生教授將完

整的七十五卷版、十二卷版,加上附卷五篇、〈辦道話〉一篇,合計九十三卷迻譯為中文,並有隨文簡註[9],為華語圈的道元研究奠定了最關鍵的基礎工程,功德無量。

唯其原文難解,不管日文、中文都是一樣的,對當代讀者尤其還有第二重隔閡,即古文的把握不易。

日本方面,道元的主要著作除了有專家學者的詳細註釋、解說外,也大多可以找到附有現代語譯的普及版讀物,此刻中文出版亟需補齊的就是這一塊,亦即道元著作的白話翻譯。

本書第一部分介紹道元其人,旁及他所處的時代,第二部分則是選譯他最具代表性,但也最平易近人的三部以漢文寫就的短篇撰述:《普勸坐禪儀》、《典座教訓》、《赴粥飯法》,以原文和白話翻譯對照,並附上簡單的導讀,與增加讀者理解的必要註釋。

整體而言,這就是一本「道元入門」,讓讀者對道元禪師、

9 《正法眼藏》,宗教文化出版社,2003 年十一月初版一刷。

日本曹洞宗、「只管打坐」法門、七堂伽藍、永平寺等等有個概略的認識，無非拋磚引玉，但願早日因緣具足，通過更專精的學人、更高明的譯者持續努力，以期當華文圈讀者想進一步接觸道元《正法眼藏》、踏上知性的探險之旅時，能有理想的完整白話翻譯可以參照。　■

道元小傳

杓底一滴・汲流千億

如佛一樣生活

「杓底一殘水、汲流千億人」，
這副刻於日本福井縣永平寺入口石柱上的對聯，
正好說明了開山祖道元細細落實修行於日常生活的
素樸禪風，以及他五十四年人生的深遠影響力，
雖短暫卻超越時空，至今汩汩長流。

●寶慶寺藏道元觀月頂相摹本（洪侃／繪）

道元生於土御門天皇正治二年（1200）初，鎌倉幕府的早期階段，也是平安時代結束、京都風華不再，象徵天皇成形，日本政治重心東移、武家天下的開端。

關於道元的出身諸說紛紜，但生於上級官宦世家殆無疑義：父親或說是土御門天皇外祖父、內大臣久我通親，或說是通親次子堀川大納言通具，母親（一說名叫伊子）則來自曾任後白河天皇[1] 攝政、關白[2] 的藤原基房家系。

兩家除了是地位顯赫的公卿，也活躍於藝文界：基房三男、道元母舅松殿師家除了曾短期攝政，也是當時的儒學權威；父係久我通親有六首作品被選入《新古今和歌集》，通具為《新古今和歌集》編選者之一，本身也是與「歌聖」藤原定家齊名的歌人。

道元就是在如此的宮廷文化背景中培育、成長的。

亂世浮生
父母早逝，十三歲立志出家

據說道元四歲就在祖母膝上讀《李嶠雜詠》，七歲開始

---

1 後白河天皇（1127-1192），鳥羽天皇第四皇子、日本第七十七代天皇，僅在位三年即讓位與皇太子（二條天皇），但在二條天皇之後四朝、三十餘年以攝政身份主導朝政，晚年出家，著有《梁塵秘抄》十卷。
2 攝政為未成年天皇的輔佐，關白則是總理成年天皇的政務，皆屬最高階文官；日本中世紀攝政、關白有很長一段時間都是藤原家系所世襲。

接觸《左傳》、《毛詩》，九歲研讀世親的《俱舍論》[3]，長輩讚他智比文殊，是個早慧的小孩。但三歲那年父親過世，八歲時又遭逢母喪，父母早逝所帶來的陰影，對一個聰穎、敏感的小孩，想必產生許多即使大人也無解的疑問，而大人眼中的神童道元，卻讓他們懷著家業復興的想望：曾經位極人臣的外祖父與舅舅所代表的京都朝廷文官集團，在政爭中敗給了以關東為根據地的毛利、近衛武家集團，導致藤原基房黯然出家，松殿師家屈辱丟官；如果栽培道元走上官宦之路，或許未來可以敏於審度時勢、調和鼎鼐，在文官與武家的互角中重新發光發熱，成為讓久我、藤原兩家重新站上權力高峰的公卿。

然而就在冠禮（成年禮，日本稱為「元服」）前夕，十三歲的道元立志出家，由於未取得長輩諒解，於是投奔在宇治的母親娘家，並求助於出家的舅舅良顯法眼。良顯確定道元出家心意已決，於是安排他上比叡山（天台宗大本山延曆寺所在）當見習僧，並於次年（1213）在天台宗座主公圓僧正[4]見證下剃度、受菩薩戒，正式出家，法名「佛法房道元」。

日本天台宗為九世紀初與空海一起入唐的最澄所開創，師承浙江天台山國清寺由智顗（538-597）依據鳩摩羅什譯《法

---

3 世親（Vasubandhu）為大乘佛教唯識學派論師，所著《俱舍論》有如佛法知識百科，為學佛者必讀；其兄為《瑜伽師地論》作者無著（Asaṅga）。
4 僧正為朝廷任命的僧官，負責寺院與僧侶的管理與督導。

華經》、《大般若經》、《大度智輪》法義為主的教學，結合止、觀的修法，加上最澄自己在唐期間接觸的印度中期密教，形成了具有戒律、禪修、念佛與密教諸要素的天台本覺——眾生本來即覺悟的佛——思想（相對於空海在長安接觸晚期密教，返日後以高野山金剛峰寺、京都東寺為基地發展的真言密教「東密」，源自最澄構想，後經其門下天台宗徒之努力，逐漸發展完成的天台密教，稱之為「台密」），其教學體系有如綜合大學，為當時佛教最高學府。所以發軔於鎌倉幕府時期、影響後世最大的新興宗派，其開宗祖師率皆來自比叡山延曆寺系統也就不意外了，如淨土宗的法然（1133-1212）、淨土真宗的親鸞（1173-1262）、時宗／遊行宗的一遍（1239-1289）、日蓮宗／法華宗的日蓮（1222-1289）、臨濟宗的榮西[5]等，道元上比叡山出家修學，在那個時代毋寧是必然的選擇。

道元身處的是戰亂、饑饉頻仍的世界（就佛教的說法就是末法之世），以奈良為主的舊佛教強調戒律與學問，彷彿出家、修行、證悟、解脫是知識貴族與僧侶的專利，不符合新興武士、農民階級的信仰需求，於是以他力本願、反戒律、在家佛教為訴求的宗派應運而生。

像法然強調專修念佛——不需要苦修、造塔、寺、佛像，

---

5 明庵榮西（1141-1215），曾兩次渡宋學法，自天台山萬年寺虛庵懷敞禪師獲臨濟宗黃龍派嗣法之印可，返日後決意以禪修來振興日本佛教，為日本臨濟宗開宗祖，也是日本茶樹栽培、飲茶文化普及的關鍵人物，著有《興禪護國論》、《喫茶養生記》等。

只要專心一意念誦「南無阿彌陀佛」即可得救，吸引了京都周邊的公家、武士與庶民追隨。或是法然弟子親鸞所開創的淨土真宗，在專修念佛的基礎上，更認為只要「一念發起」（發心念佛）必可往生淨土，還宣揚「惡人正機」之說──阿彌陀佛的本願即是救度惡人（＝凡夫），也就是末法濁世的眾生，其信徒多屬中下階層的地方武士、農民。著名的京都西本願寺就是淨土真宗本願寺派的本山，下轄寺院上萬，信徒近八百萬，是今天日本最大的宗教法人。

批判質疑
如何才是真傳正法

道元從十三歲到十八歲（1212-1217）在比叡山精進學習，其間心路歷程，日後曾對弟子殷殷道來：

修行人初發心時，多讀點經論總是好的。我出家後曾經到處訪師求道，一直到離開比叡山前往臨濟宗禪師榮西創立的建仁寺參學為止，沒有遭逢正師，亦無善知識為友，以致培養了不正確的觀念，因為連知名的佛法大師都要我們好好做學問，成為佛教的翹楚，讓朝廷對你感到興趣，最後名聞天下。在這個念頭的驅使下，覺得對佛法的理解一定要與古代祖師大德比肩，於是開始披閱《高僧傳》、《續高僧傳》，一讀發現中國高僧的行誼與老師教導的很不一

樣；而且這些觀念，在經論、傳記等典籍中都是被否定的。
我想了又想，即使想名聞天下，與其被當代這些庸俗的人
讚美，不如做一個可讓上古賢者、未來大德肯定的人。如
果要比肩效法，與其是日本的大師，寧願是中國或印度的
高僧大德。一想通這個道理，日本的所謂大師突然變得像
土瓦一樣廉價。（懷奘《正法眼藏隨聞記·卷五》）

這是道元首次對「正傳佛法」的開眼，也是他求道生涯
的重大轉機，可說是閱讀經論、聖教、傳記的收穫。

此外道元在修學期間，對日本天台宗本覺法門主張的「本
來本法性，天然自性身（＝人人本具成佛的素質，或說，眾生本來就是
佛）」產生了極大的質疑：果真如此的話，三世諸佛為何還要
發心求道、上求菩提？道元為此參謁各處名僧，想討個說法，
其中一位就是精通顯密、晚年專修念佛的大學者，園城三井
寺的公胤（1145-1216）僧正。

其實當時的本覺法門對此一質疑已經有正式的答覆：「正
因為本來就是佛，所以才需要『作為佛的本分所該有的』修
行」。對此道元不太可能不知道，但長期目睹當時比叡山偏
重教義學問的探究，對階級、貧富分別的現狀無所作為，還
坐擁跋扈作亂的僧兵，卻偏廢修行，所以角田泰隆氏在《道
元入門》中有一個頗為獨特的猜想：道元的質疑，毋寧是對
佛教界帶著諷刺的批判——為什麼大家都不作興嚴格的持戒與

修行呢？

　　據說公胤當時對道元說：你的大哉問，不是依據教理解答就能讓你折服，聽說宋國有正傳佛教的宗派（禪宗），不如你自己想辦法去求索滿意的答案。

　　公胤的話讓道元首次產生入宋留學的念頭。公胤也建議他去向曾兩次渡宋、開日本臨濟宗（以及茶道）的明庵榮西請益，但那時榮西已年老，又常年駐錫鎌倉，於是道元在順德天皇建保五年（1217）下比叡山，逕往榮西開創的京都建仁寺，拜榮西弟子佛樹房明全（1184-1225）為師。

　　榮西入宋嗣臨濟宗黃龍派虛庵懷敞禪師[6]之法並獲印可，回到建仁寺後不僅全力推廣臨濟禪法，並以「持律堅固」而為渴求擺脫佛教界陳腐氣息的年輕出家眾景仰追隨，明全即其入室弟子之一。道元也許透過此臨濟宗風感受到「正傳佛法」之面影，從此在明全座下隨侍、辦道，前後歷時九年，期間並決定攜手渡宋。

　　當時九州與明州（寧波）[7]民間商船往來不絕，南宋禪宗大盛期間，除了榮西前後兩次赴天台山萬年寺外，天台宗比叡山延曆寺的覺阿於 1171 年在杭州靈隱寺臨濟宗楊岐派瞎堂慧

---

6 虛庵懷敞，南宋禪師，生卒年不詳，為臨濟宗雪庵從瑾法嗣，曾先後住持天台山萬年寺、寧波天童寺。
7 寧波自唐代起劃為明州，宋寧宗慶元元年（1195）改置慶元府。

遠座下參學，達磨宗大日房能忍[8]於 1189 年派遣門人練中、勝辨隨台州天寧寺臨濟宗大慧派拙庵德光習禪。

渡宋參學
尋訪明師之旅

經多年籌劃，最後在建仁寺以及同屬榮西門下教團的鎌倉壽福寺奧援下，道元於 1223 年（後堀河天皇貞應二年、南宋寧宗嘉定十六年）二月二十二日與明全等自京都出發，三月下旬於北九州博多港（今福岡）搭民間商船渡宋。同行的有僧侶廓然、高照，以及準備到福建學習天目釉茶具燒製技術的陶工藤四郎景正（即日後瀨戶燒的開創者）。

是年道元二十四歲，明全四十歲。

航程中，道元曾嚴重下痢，四月初抵達寧波港，然而一開始即因受戒問題發生意外波折。

「中國佛教就思想義理言，純屬大乘；獨就戒律言，則基本上採取大小兼受（即兼受大乘菩薩戒與小乘比丘戒）的方式」（傅偉

---

8 大日房能忍為日本平安時代末至鎌倉時代初期僧侶，生卒年不詳，原在比叡山接受天台教學，因閱讀號稱菩提達摩所作《血脈論》、《悟性論》、《破相論》諸書而「無師獨悟」，開始四處佈教，門徒眾多，自成一派名為達磨宗，但因沒有師承，為日本佛教界所不容，長期受到彈壓。

勳語）[9]，隋天台大師智顗主張遵循《梵網經》中三聚淨戒之作法，傳授包含十重戒、四十八輕戒的「（大乘）圓頓菩薩戒」，日本天台宗承襲此一觀點，放棄所謂「小乘比丘戒」的具足戒[10]，以有別於奈良佛教的大小兼受。在此背景上，道元於出家翌年即受延曆寺的菩薩戒，卻未受具足戒；其師明全於正治元年（1199）十六歲在延曆寺出家時同樣受了菩薩戒，但在臨出國前又設法取得證明他曾在南都奈良東大寺戒壇受具足戒的戒牒[11]。當時赴宋求法的僧侶絡繹於途，道元應知道有此需要，但他認天台宗的理念為正統，個性上大概也無法容許自己持一個偽戒牒，所以就此坦然上路。

登岸後，他們先前往寧波市區的景福律寺[12]報到，未受具足戒的道元，儘管已出家十年，不出所料，其戒臘[13]未獲承認，只能和其他新出家的僧眾同列。在明全設法為他訴願期間，道元只好再回船上等候裁決，但一等就是三個月，而明全等人則在五月十三日即獲許在與榮西有特殊因緣的太白山天童

---

9 見傅偉勳〈大小兼受戒、單受菩薩戒與無戒之戒──中日佛教戒律觀的評較考察〉，《中華佛學學報》第六期（1993）。

10 具足戒（梵語 Upasampadā），指佛教信眾在出家加入僧團成為出家眾後，成為比丘或比丘尼時所應接受與遵行的戒律，也就是波羅提木叉（梵語 Pratimokṣa，巴利語 Pātimokkha，意譯為「隨順解脫」、「別解脫」），是成為僧團成員的先決條件。

11 戒牒為傳戒師簽字、僧官機構發給僧尼的受戒證明。

12 景福寺原稱水陸蓮花院，建於北宋建隆二年；大中祥符三年，宋真宗賜名景福，由於以弘傳唐道宣開創的律宗為宗旨，故稱景福律寺。早期禪僧無專屬禪堂，大多在律寺掛單。

13 戒臘為出家人受具足戒後開始起算的出家年數，在寺院中據以定長幼順序。

景德禪寺[14] 掛搭，正式展開在正規禪寺的修行生活。

暫時滯留寧波港的道元，則巧遇了對他深遠影響的一段插曲。

五月四日那天，道元正和船長說話，突然有一名六十歲上下的老僧來船上問船長買香菇，道元因想趁機聊聊，於是邀老僧喝茶。言談中知道他來自禪宗五山[15]之一的阿育王寺[16]，為寺中掌管僧眾餐食的典座和尚。

由於隔天即端午節，乃僧眾加菜的日子，可是山上並無特別食材，恰好聽說有日本船抵埠，特地前來購買香菇，打算明天用來煮麵疙瘩供養僧眾。

阿育王山離港口有二十幾公里，典座和尚買好香菇之後馬上得回去，道元還想多談談，留他一起吃晚飯，典座婉拒了，說下山前並未告假，何況他必須趕快回去備辦明天的餐食。

那時道元尚不知典座的重要，說阿育王山偌大一座寺院，可以代勞的人肯定很多，老和尚不回去應不礙事。不料這位典座卻說：「我到這把年紀才當上典座，這就是我老後的修行，

14 今寧波天童寺，始建於西晉，宋代稱太白山天童景德禪寺，為禪宗「五山」之一，明以後稱天童寺或天童禪寺，道元在著作中則稱之為天童山景德寺。明全、道元初入天童寺時（1223），住持和尚為臨濟宗大慧派的無際了派（1149-1224）。
15 南宋朝廷為管理繁盛已極的江南禪寺，建立官寺制度，合法寺院即敕賜寺額，至寧宗時更欽定「五山十剎」，寺格最高，住持形式上由官方派任；日本亦有自己的五山、十剎序列。
16 阿育王寺全名阿育王山廣利禪寺，始建於西晉年間，初為律宗，後改禪寺，與天童寺同列禪宗五山，位於今寧波市鄞州區五鄉鎮。

為什麼要把機會讓給別人呢？」

這讓道元更納悶了：「您年紀這麼大了，若說要修行，為什麼不參禪辦道或參究公案文字，卻接下繁瑣的典座之職，成天忙於作務好嗎？」

典座聽了不禁笑起來，他說：「外國來的年輕人啊！看來你還不懂辦道是怎麼回事，也不理解文字是什麼呀。」

道元一聽覺得非常丟臉，心中大驚，馬上向典座請教如何才是文字，怎樣才叫辦道？

典座回答他，只要你時時緊抓這個疑團一直追問下去，有一天自然就會知道正確答案。

看道元聽得雲山霧罩，老典座慈悲地告訴他：「天快黑了，我得趕快回去，如果還是不懂，以後有機會就上阿育王山來，到時我們再好好討論一下。」說完即起座辭別而去。

一個波折，帶來一段插曲，讓道元深切感受到這是一個和京都、奈良完全不一樣的世界。

專心參禪辦道有什麼不對，這不是修行人的本務嗎？老和尚為什麼覺得好好煮一餐飯供養僧眾是那麼重要？相對於本務，那可不是雜務嗎？他渴望獲得解答，對正統禪堂生活更充滿期待。

典座教訓
遍界不曾藏

　　或許戒臘問題獲得權宜處理，道元於七月終於上岸赴天童寺，與明全等人一起掛搭於了然寮。

　　天童寺在南宋官寺制度中屬等級最高的「禪院五山十剎」，位列第三，雲水匯集，有的遠從日本、高麗而來，可想其盛。天童寺住持非師徒相承，而是採「十方住持」制，當住持出缺，經寺中長老商議若干孚眾望的人選，由官府圈定後正式延請，多為諸方名宿，不分門派。道元初入天童寺時，住持和尚為臨濟宗大慧宗杲「看話禪」傳承的無際了派。

　　正統禪堂的作息、規矩對道元而言不僅新鮮，有些甚至堪稱文化震撼，其中之一就是僧眾「袈裟[17]頂戴」儀節。道元憶及在宋期間，每日清晨打板起床後，看到兩旁的僧侶「捧袈裟，安於頭頂上，合掌恭敬，默誦一偈，其偈曰：『大哉解脫服，無相福田衣，披奉如來教，廣度諸眾生』（〈搭袈裟偈〉）」，然後才穿上。他回想過去披閱《阿含經》，雖然有讀到頂戴袈裟的描述，卻不明白神聖法衣的相關儀則，如今親眼目睹，彷彿回到經典的現場，自身與古佛產生了真實的

---

17 袈裟（梵語 kāṣāya）狹義上指安陀會（antarvāsa 作務衣，亦稱五條衣）、郁多羅僧（uttarāsanga 入眾衣、七條衣）、僧伽梨（saṃghāṭī 大衣、九條衣）「三衣」，廣義上則包括三衣以外的所有僧用衣物。

連結，因為「祖宗之搭法，祖宗之製法，浣洗之法及受持之法，若不參學嫡嫡面授之堂奧，則不知也」——袈裟怎麼穿戴、怎麼製作、如何浣洗、如何代代相承，都是透過師徒之間當面授受，才能原本原樣相傳到今天，袈裟即是如來「皮肉骨髓」——正傳之佛法的象徵。想到這裡，道元說他激動莫名，「滿身歡喜，感淚自落浸衣襟」，那時他默默發願「我雖何等不肖，然為佛法之嫡嗣，正傳正法，以憐鄉土之眾生，令其見聞佛祖正傳之衣法」。一路走來，所有努力無不是為了圓滿此願，他的感想是「今未徒勞」[18]，一切苦難艱辛都值得了。

　　一天午齋後陽光正烈，道元回寮途中看到法號「用」[19]的老典座在佛殿前曬海苔，連斗笠都沒戴，汗流浹背。道元知道用典座已高齡六十八，心生不忍，上前問安：「您年紀這麼大了，這種事為什麼不讓年輕人來做呢？」典座答道：「他不是吾（別人是別人，與我自己的修行無關）。」道元又問：「熱成這樣，為什麼非要現在做呢？」典座答道：「更待何時（如果不是現在，難道還有更適合的時間嗎）？」言下之意，做事的當下就是最適合的時間。這簡直是活生生的公案問答，讓道元無言以對。

18 以上引文出自道元《正法眼藏‧袈裟功德》。
19 法號通常為兩個字，為表示尊敬，只以一字稱之。

那年解夏[20]之後，船上巧遇的阿育王山典座來訪，說已辭退典座之職，正準備回四川老家，偶然聽說道元在天童寺，特別過來探望，道元開心接待，談話間重新提起之前的問答，並向老典座進一步請教。

典座說：「參究話頭的人，就是想知道文字說的是什麼；坐禪辦道的人，則必須理解辦的是什麼道。」道元說：「敢問什麼是文字？」典座答道：「一、二、三、四、五。」道元又問：「什麼是辦道？」典座答：「遍界不曾藏（真理顯而易見，這世界從沒隱藏過一絲一毫）。」後來道元讀到雪竇重顯禪師開示弟子的一首詩有這麼兩句：「一字七字三五字，萬像窮來不為據（文字之中固然蘊涵著道理，但文字只是文字，並不等於它所代表的意義或行為，佛法的學問也不等於佛道的修行）」。

道元說他當年能稍稍了解怎麼看待公案文字、認識如何才是真正的辦道，都是這幾位典座的慈悲點撥，深感他們都是有深厚道心的修行人，這也是他日後鄭重寫就的傳世名文《典座教訓》之原點。

---

20 佛教僧侶在雨季三個月期間不外出行腳，在特定場所集中用功，漢傳佛教訂其期間為農曆四月十六日至七月十五日，稱為「夏安居」或「雨安居」（巴利文 vassa，梵文 varṣa）；安居首日為「結夏」，結束之日為「解夏」。禪宗寺院又有冬安居（農曆十月十六日至隔年一月十五日），亦即「坐臘」。日本曹洞宗於陽曆五月十五日結夏、八月十五日解夏；冬安居於陽曆十一月十五日結制、翌年二月十五日解制。

親睹嗣書
師徒衣鉢相承的秘契

　　道元入宋第二年（1224，宋寧宗嘉定十六年）有一個不錯的開始。緣於前一年七月，都寺[21]師廣和尚在寂光堂跟他提起一個完全陌生的物事——「嗣書」。

　　嗣書是禪宗師徒衣鉢相承的證契，一般人不要說看，即連聽都沒聽說過，這大概是道元在正統禪寺生涯的第二個震撼。師廣提到的證契文件，是阿育王寺拙庵德光禪師面授給無際了派的嗣書，並保管在住持和尚自己手上。道元於是三番兩次拜託堂頭侍者智庚代他向了派和尚懇請，經過半年，終於在正月二十日得遂所願，在了然寮披覽了嗣書。

　　「嗣書」簡言之就是嗣法的書契——一個得道的師父，印可他得道的徒弟，亦即證悟者傳給證悟者的文件。道元眼前這份嗣書，其格式大致以《傳燈錄》上面所說典故的精神為出發點：佛陀住世說法，最後囑咐弟子摩訶迦葉「吾以清淨法眼、涅槃妙心、實相無相、微妙正法、將付於汝」，並要阿難輔佐迦葉，傳此正法，無令斷絕；嗣書的具體內容則是「自七佛[22]

---

21 都寺為禪寺知事之一，負責督管全寺庶務。
22 大乘佛教時間觀認為現今世界屬於「賢劫」，之前為「莊嚴劫」，之後為「星宿劫」，每一劫都有千佛出世，釋迦牟尼為賢劫第四佛；莊嚴劫最後三佛——毗婆尸佛、尸棄佛、毗舍浮佛，和賢劫前四佛——拘留孫佛、拘那含牟尼佛、迦葉佛、釋迦牟尼佛，合稱「過去七佛」。彌勒菩薩為未來佛。

之後至臨濟，並列四十五祖，而自臨濟之後之諸師者，則各作一圓相。睨視其中，知其寫有法諱與花字。新嗣在最後，寫在年月之下頭」[23]，以毗婆尸佛到釋迦牟尼佛的「過去七佛」為首，依序羅列摩訶迦葉、阿難、龍樹、馬鳴等等，一直到禪宗初祖菩提達摩到六祖慧能，及其後的南嶽懷讓、馬祖道一、百丈懷海、黃檗希運、臨濟義玄共四十五個名號，也就是臨濟宗視為正傳的法脈譜系；臨濟義玄之後的歷代法嗣，則是將每個法諱各放在一個圓圈中，加上禪師親筆的簽名式，新嗣法的弟子名字寫在最後面，旁邊還註記師資相承的年月日。

道元也曾從一位出身浙江、法號惟一西堂的禪師處得睹法眼派[24]嗣書，這是一位老宿衣鉢中的遺物，上面寫有「初祖摩訶迦葉悟於釋迦牟尼佛，釋迦牟尼佛悟於迦葉佛」等字樣，將佛陀大弟子摩訶迦葉視為禪宗初祖。

道元又從首座宗月長老那裡看過雲門派[25]的嗣書，得嗣書者的法號上方，並列了「西天東地之佛祖」，也就是自印度到中國一脈相承的諸佛、祖師之名，「自如來以降四十餘代，皆與新嗣之名字相連，猶如各授於新祖」。在道元眼中看來，

---

23 以上引文出自道元於仁治二年示眾的《正法眼藏・嗣書》。
24 法眼派為法眼文益（885-958）所創禪宗支派。
25 雲門派為雲門文偃（864-949）所創禪宗支派。

嗣書就是諸佛、祖師以心傳心的信契、鐵證,「佛佛者,定有佛嗣佛之嗣書,定得佛嗣佛之嗣書」,是面授,而且是單傳,「若不是佛,則不能印證佛,不得佛之印證,則不成佛」,若未受得道者的印可並面授口訣,則所傳的法即非佛智,也不是祖師的究竟契悟,而「佛道若不決定嗣法,焉能傳至今日」?

道元極為肯定,這是正嫡(受師父正式認可者)與正嫡之間的「決定信受」[26]。

最戲劇性的一次,是在朝禮天台山平田萬年寺時,出身福州的住持元鼐和尚和道元聊著聊著,突然捧出自己的嗣書,對道元說,即使是親人或出家多年的老參,嗣書也是不讓看的,但他不久前到都城臨安府(杭州)見知府時,夜感一夢,夢中一位好像是大梅法常禪師[27]的高僧,手持梅花一枝,告訴元鼐「若是遇到搭船遠來的人,不需遲疑,將此花轉送給他」,即將梅花交給元鼐。

元鼐在夢中沉吟道:「未跨船舷,好與三十」(如果這傢伙還沒上船,我就打他個三十棒),哪知還不到五天,就與梯航千里而來的道元相見;而這帖嗣書又寫在梅花圖案的絹布上,想來就是大梅禪師旨意。因為與夢相符不可思議,元鼐和尚特

---

26 同上,出自《正法眼藏‧嗣書》。
27 大梅法常(752-839),唐代禪僧,為六祖慧能再傳弟子馬祖道一法嗣。

別拿出來，說道元若向他求嗣法，就要將該嗣書傳給道元。

　　素昧平生的禪師竟要嗣法與他，道元感激得不知所措，嗣法是何等莊嚴大事，非得要遇到得道明師印可才有意義，也才合乎祖師們的規矩；此時雖然意外得睹禪師本人秘藏的嗣書，但能做的唯有燒香禮拜、恭敬供養而已。當時在一旁的燒香侍者連說稀罕，他以前從未看過嗣書。

拜師如淨
希代不思議之機緣

　　1224 年夏安居期間，道元協助明全營辦了供養榮西禪師的大齋會。

　　榮西 1187 年第二次入宋時，本想轉往天竺巡禮佛跡，但未獲官方許可，於是掛搭天台萬年寺，參學於虛庵懷敞禪師座下並獲印可；後懷敞住持天童，榮西亦隨師前往。榮西回到日本，在鎌倉幕府支持下，以京都建仁寺為據點積極進行日、宋之間的宗教交流。懷敞禪師欲擴建千佛閣[28]時，榮西在日本募得大批「百圍巨木」，一路運送到寧波贊助天童寺；榮西歿後，天童寺還建了一座以榮西諡號「千光國師」為名

---

28 與臨濟宗大慧宗杲齊名，倡導「默照禪」、中興曹洞宗的宏智正覺禪師（1091-1157），於住持天童寺時，除了修建可容千人的僧堂，也起造千佛閣。

的祠堂紀念他。明全和道元會來到天童寺，主要就是榮西所結的這段善緣。因此明全為報師恩，於入宋第二年，也是榮西禪師入滅十年忌的七月五日，捐「楮券千緡」營辦了一場齋僧大會，作為對榮西的供養。

「楮券」是宋代發行的紙幣，「緡」原意是串錢的繩子（因此稱一串錢為「一緡」），後成為貨幣單位的通稱，南宋地方官學的職員月薪也就是一緡頂多二緡，所以千緡不是一筆小數目。

入秋後，住持無際了派禪師入滅，新住持待補，或許是趁這樣的空檔，道元開始積極巡禮遠近名山古剎，見習禪林規矩，並向不同門派的高僧大德參學。

除了同樣位於明州的普陀山[29]、大梅山護聖寺[30]及「五山十剎」之一的阿育王寺，還去了台州的天台山平田萬年寺[31]、溫州的雁山能仁普濟寺[32]，以及五山之首杭州徑山興聖萬壽寺[33]。

在道元四處訪謁、尋師參學的過程中，儘管增加了很多

---

29 普陀山是浙江省舟山群島中的一個島嶼，是中國佛教四大名山之一，為觀音菩薩道場，主要寺院有普濟禪寺、法雨禪寺、慧濟禪寺等。

30 大梅山在今浙江寧波鄞州區橫溪鎮境內，護聖寺為馬祖道一法嗣大梅法常創建，今舊址猶在，但伽藍已毀。

31 萬年寺為天台山名剎，最早建於唐文宗大和七年（833），經多次興廢，宋徽宗崇寧三年（1104）重建，宋高宗紹興九年（1139）改為報恩、廣孝和光孝等名，後復稱萬年寺。

32 能仁寺為雁蕩山十八古剎中規模最大的一座，初建於宋真宗咸平二年（999）。

33 徑山興聖萬壽寺或稱徑山寺，位於今杭州市餘杭區，始建於唐僖宗中和年間（881-885），宋寧宗欽定為「五山十剎」之首。

見聞，也有不少奇遇，但即使是徑山的浙翁如琰[34]、台州小翠岩的盤山思卓[35]等長老耆宿，在參問對答中表現出來的氣度與識見，在當時的他看來也不過爾爾，因而頗覺失望，頓生憍慢之心，覺得想像中的大善知識並不存在，與其繼續浪費時間，不如提早歸國。

一位名叫老璡的和尚耳聞道元有此想法，特別找他談話，說大宋國固然不乏知名高僧，但談到修行工夫與見解，備受十方推崇的，或許只有一位如淨禪師[36]，若能受如淨指導必有所得。

那時道元只想離去，無心再找師父，加上無際了派入滅，宋土留學生涯彷彿已到盡頭，但沒想到官方敕諭下來，新任天童寺住持竟是老璡提到的長翁如淨。

道元在遍歷東南諸山禪剎後回到天童寺，於歷次如淨上堂[37]開示中受其禪風所折服，理宗寶慶元年（1225）五月一日乃於如淨座前行相見之禮，算是正式拜師受教。

---

34 浙翁如琰（1151-1225），台州寧海人，臨濟宗僧，與無際了派同為拙庵德光之法嗣，自南宋寧宗嘉定十一年（1218）起住持杭州徑山寺。

35 盤山思卓（生卒年不詳），據《續傳燈錄》，思卓為拙庵德光同門的無用淨全禪師法嗣，《續燈存稿》收有盤山思卓上堂法語。

36 長翁如淨（1163-1228），出身明州，曾侍六祖慧能弟子青原行思派下十六世雪竇山智鑑禪師十五年，並嗣其法，晚年獲勅任天童山景德寺第三十一代住持；傳世有《如淨和尚語錄》、《如淨禪師續語錄》。道元禪師入宋求法受其印可，後開創日本曹洞宗。

37 上堂為禪林用語，指住持、長老上法堂陞座對僧眾說法，主要有逢初一、十五的「旦望上堂」，每五日一上堂的「五參上堂」，皇帝生日的「聖節上堂」，感謝執事辛勞的「謝秉拂上堂」等。

如淨師事六祖慧能嗣法弟子之一青原行思一系的雪竇智鑑[38]，先後住持建康府（南京）清涼寺、台州瑞岩寺、臨安府（杭州）淨慈寺、慶元府（寧波）瑞岩寺等，世人認為五家宗派中，曹洞「機關不露」，臨濟「棒喝分明」，而如淨「兼而有之，自成一家，八面受敵」[39]，可以想見那種內斂卻又不失颯爽的本色，完全調伏了年輕氣盛的道元。

然而就在夏安居期間的五月十八日，道元受教、服事、共起居九年的恩師明全突然罹病，只道是微疾，沒想病情急轉直下，不到十天即與世長辭。

明全遠道而來，在導師榮西求法得證的因緣之地營辦盛大的齋僧之會以謝師恩，又接引道元得遇正師，最後在異鄉化作春泥，再未能回歸故土。道元後來形容與如淨的相見為「希代不思議之機緣」，其不思議想必也包含了明全離奇的入滅時間。

明全荼毗（梵語，意為火化）後，痛失法侶的道元此去已無退路，唯有奮力向前，於是重整心情，給如淨寫了一封信，大意是說他幼年發菩提心（出家），在幾個師父教導下聊識因果，後入建仁寺，初聞臨濟宗風，現在航海萬里，或因宿世

---

38 雪竇智鑑（1105-1192），安徽滁州人，初參於長蘆山真歇清了座下，後投天童宗珏，為其嗣法弟子；南宋孝宗淳熙十一年（1184）住持「五山十剎」中十剎之一的雪竇資聖禪寺（今通稱雪竇寺）。
39 參見呂澂〈如淨禪師語錄序〉。

之福德善緣，幸得投入如淨和尚法席參禪辦道，「無常迅速，生死事大，時不待人，去聖必悔」，請求和尚慈悲應允他，每當心中遇有疑難，「不拘時候、不具威儀，頻頻上方丈」問法問道。

如淨或也看出道元的資質，尤其是向道的決心，於是爽快回覆「自今已後，不拘晝夜時候，著衣、衩衣而來方丈問道無妨，老僧一如親父恕無禮也」[40]。禪院中不管是定期上堂（大參）或其他不定時說法（小參），法師與僧眾都要穿戴正式的袈裟；僧眾也不是隨便可以進出方丈直接請首座和尚面授。如淨破例准許道元不拘穿的是袈裟或平常的衣服，他都會像父親不計較兒子是否失禮一樣，歡迎道元隨時到方丈問法。

道元把握此難得機會，除了日常隨眾參禪辦道外，只要有什麼不明白的地方，即赴方丈拜問，有些問題還挺敏感，比方第一次就問道：如今很多大德對於「不立文字，教外別傳，直指人心，見性成佛」的說法，特別標舉「教外別傳」，認為世尊所悟之道，非經典文字所能傳達，唯有菩提達摩以心傳心的宗旨，才是真正的佛法，他們這樣說對嗎？

如淨一無遲疑地為他解惑：「佛祖大道，何拘內外？」

---

40 本段兩處引文出自道元《寶慶記》。《寶慶記》為道元於宋理宗寶慶年間所作筆記，詳錄他在方丈與如淨的問答或如淨單方面的開示，共四十四則。

佛法東傳，首先是經典的翻譯與教學，就好像行李先到，而行李的主人尚未抵達，直到得佛祖正傳的達摩來到中國親自指導，真正辦道的方法才得以確立，所以說是「教外別傳」，並非世上有兩種佛法。

道元會這樣問，是因為在日本教理與戒律成為修行主流，到了禪風鼎盛的中國，卻又貶低經典，墮入一種智識、理性的遊戲，何者為是，他很想聽聽如淨的說法，而如淨善巧的開示應沒讓道元失望。

道元接著又向如淨提出在日本一直得不到滿意答覆、如鯁在喉的疑問，也就是所謂「本來本法性，天然自性身」（眾生本來就是自知、自證的佛）這樣的說法。他拜問如淨：「如魚飲水，冷暖自知」，歷來很多善知識主張這個「自知」即是菩提之悟（正覺），那麼一切眾生都有自知，難道都可視之為正覺的如來？

如淨聽了從容答道：「若言一切眾生本是佛者，還同自然外道也」，自然外道指的是那些不信因果、認為持戒修行是多餘的人。如淨果斷地否定這種觀念，說這些人將相對、有限、虛無、世俗的價值觀比附為佛法，是未得而謂得、未證而言證。

其它的大哉問還有：無視思慮分別的拂拳棒喝是正確的嗎？《楞嚴經》與《圓覺經》都是佛說嗎？如何是了義與不了義？佛祖之道與經師的詮釋真的是水火不容嗎？佛祖大道

為何稱之為禪宗……等等，而如淨也都毫不迴避，帶著慈心給予明晰的教示與指引。

身心脫落
勇猛精進，獲師父印可

道元也詳細記錄了一次看似平常實則非常重要的問答。

經過一段時日的互動，如淨對道元有了更深入的觀察與了解，大概覺得機緣即將成熟，於是當道元又來到方丈時，如淨主動開啟話題，他說：「參禪者身心脫落也，不用燒香、禮拜、念佛、修懺、看經，只管打坐而已。」

道元聞言拜問何謂身心脫落？如淨即答曰：「身心脫落者，坐禪也。只管坐禪時，離五欲、除五蓋[41]也。」

在另一次方丈獨參的開示中，如淨又對道元說：「佛祖兒孫，先除五蓋，後除六蓋也。五蓋加無明蓋為六蓋也。唯除無明蓋，即除五蓋也。五蓋雖離，無明蓋未離，未到佛祖修證也。」

道元從未聽過如此說法，禪院裡面的前輩、師兄弟也都不知道，於是立刻起身拜謝，然後問老和尚有沒有什麼根除

41「五欲」、「五蓋」都是指人類肉身本質上的慾望。「五欲」指色、聲、香、味、觸欲，或財、色、飲食、名譽、睡眠欲；「蓋」意為煩惱，「五蓋」指貪慾、瞋罣、睡眠、掉悔、懷疑（因果的道理）。

五欲、六蓋的「祕術」？如淨聽了不禁笑說，你向來工夫作到哪裡去了？只管打坐，身心脫落，就是離五欲、六蓋之術，「此外都無別事」。

對如淨而言，修行者發心辦道即是「直指本證」，離五欲、除六蓋的打坐，當下就是證悟、解脫，所以只管打坐，只管身心脫落，修行的每一個當下，都屬於「本證的全體」，即修即證，不必胡思亂想開悟有無、解脫與否；修行人當下所做的每件事都同樣重要、同樣有意義，而不只是為達成某個目的的手段而已。

坐禪時只管打坐，出坡時只管作務，用餐時只管專心喝湯吃飯，沒其它更好的修行，也沒更高的法。

如果要當一個修行人，修行就是身命的全部，否則不如及早放生自己，另尋活路，所以如淨平日對僧眾要求甚高，坐禪時如果打瞌睡絕不寬貸，不是破口痛罵就是竹杖、拖鞋侍候。與此同時，如淨自身亦持戒嚴謹，不慕名利，不親近官員，連皇帝頒賜紫衣、師號照樣辭退，禪堂上不拘早晚總見他打坐的身影，因此修行僧對如淨的打罵心服口服，甘之如飴者有之，歡喜讚歎者有之。

道元記得如淨說法時多次提到，自己已是年耄之人，本應找個小庵養老，但為了破除僧眾迷障，才接下住持之職，並嚴厲督促，動輒打罵。他說這麼做並非以上對下，而是不得已的手段，有如代佛執行指導的儀式，但願各位兄弟慈悲

原諒。此言一出，僧眾無不感激涕下。在這樣的師父提點、指導下，可以想見道元也更加勇猛精進於參禪辦道。

就在夏安居結束前不久一次曉天（五更）坐禪中，如淨巡堂時發現一僧坐在禪床上打瞌睡，於是厲聲責罵道：「夫參禪者必身心脫落，只管打睡作恁麼？」道元聞此語豁然大悟，下座後直赴方丈，燒香禮拜如淨師父。

師父問他：「禮拜事作麼生（燒香禮拜是為哪樁）？」

道元說：「身心脫落來。」

如淨立刻知道發生了什麼事，以肯定（或許帶點嘉許）的語氣回應道：「身心脫落！脫落身心！」

倒是道元還不很確定，說：「這是暫時計倆，和尚莫亂印某甲（這只是暫時的現象，您可別隨便印可我）！」

如淨再次確認：「我不亂印你。」

「如何是不亂印底事（怎麼知道這不是隨便印可）？」

「脫落脫落（因為我很清楚真正的身心脫落是怎麼回事）！」

道元一顆心這才踏實下來，不再追問。

這一年道元二十六歲，如淨六十四歲。

多年後他回憶此一關鍵時刻，在生動的機鋒問答中，如淨一再以「脫落」剷除道元的疑惑，並正面肯定道元的知見與證量，讓道元得以徹底放下，乾坤朗朗。

空手還鄉
以普勸坐禪弘揚正法

　　九月十八日，如淨禪師將曹洞宗一脈相承的〈佛祖正傳菩薩戒〉作法授與道元，這是師資相承者（由本師正式付法的弟子）以外不得而知的儀式，其內容也只有嗣法弟子方可傳抄。之後道元繼續在如淨座下過著嚴謹的修行生活，得暇也會參訪附近的寺院，並與在地僧俗交遊，留下不少彼此酬答的詩偈，從詩題可知有禪人、官員、書生和商賈等。

　　理宗寶慶三年（1227）初夏，道元帶著如淨授與他的嗣書和師父明全的遺骨、戒牒，搭民間商船歸國。當時有個小道元七歲的同參兄弟寂圓[42]，一路送行到碼頭，並表示很想隨道元赴日，但那時如淨或因老衰，健康情況不佳，道元希望寂圓留下幫忙其他兄弟一起照護老和尚，未來若因緣具足，自有重逢的一天。道元對自己於此時離開如淨，想必也頗為躊躇，倒是如淨反過來鼓勵已獲印可的道元早日返鄉，以弘揚正傳佛法為重。

　　商船抵達肥後國（今熊本）河尻港後，道元並未直接歸京，

---

42 寂圓（1207-1299），初為天童景德禪寺如淨禪師弟子，如淨歿後東渡日本，隨道元禪師修行，見證日本曹洞宗初期包括永平寺創建的歷史；1253 年道元歿後又師事永平二世祖孤雲懷奘，1261 年到越前大野木本野銀椀峯苦修，1276 年建立寶慶寺。弟子義雲後住持永平寺，為日本曹洞宗尊為永平五世祖。

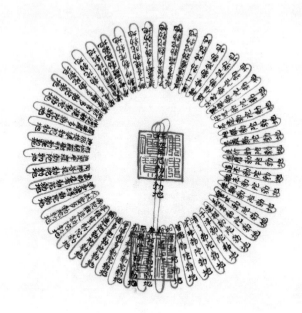

佛祖命脉證契
通道元即通
大宋寶慶丁亥
住天童如淨

●如淨禪師授與道元的嗣書摹本（洪侃／繪）

而是前往當初出發赴宋的博多，在榮西創建的聖福寺[43]掛單，給自己一些整理過去、計劃未來的時間。他決心要建立一座像宋國一樣有七堂伽藍佈局的正規禪寺，將「只管打坐」、佛佛相傳的心法完整而穩固地扎根於自己的國家。

過去赴唐、宋求法的傑出僧侶，除帶回許多新譯經典、名貴法器文物，本身也常成為新文化系統的載體、發動者，如最澄帶回來的「天台教學」（後來的「台密」），空海帶回來的「真言密教」（後來的「東密」），或是榮西，既帶回「臨濟禪」，同時引進茶種，開啟了日本武士與庶民飲茶的風氣，並成為後來茶道文化的濫觴。然而，當時的道元只是一個年輕又沒沒無聞的僧侶。

多年後，道元形容此時的自己閱歷有限、工夫不深，只是機緣湊巧得以在天童如淨禪師座下修習，經老和尚的慈悲接引，「當下認得眼橫鼻直，不被人瞞，便乃空手還鄉」──當下重又確認眼睛是橫的，鼻子是直的，法爾如是，真理不只是存在於那些複雜的辯證、花樣繁多的儀式裡面，而是一定要回歸修行者自身的生命體驗，因此不再心外求法；但在世人眼中看來，他不過是兩手空空回到故鄉，「一毫佛法也無」。

---

43 聖福寺，日本臨濟宗開宗祖榮西於建久六年（1195）自宋歸國後，在博多（今福岡）宋人的百堂遺址上創建的寺院，為日本最早的禪修專門道場，山門上懸掛了後鳥羽天皇於元久元年（1204）所頒賜的「扶桑最初禪窟」額。

道元已經理解了自身與佛法並非相對的事物，修行與證悟也不可以視為過程和結果，更不應該有能證（的人）、所證（的法）之分別，所以可說是沒有佛法，也一無所證。道元或是要告訴世人：沒有神奇的佛法，沒有遠在天邊的華嚴世界，只因真理「遍界不曾藏」，一切現成——在一切時間中的一切存有，與當下的你同時並在，你亦不在此「有」與此「時」之外，只等不帶成見、沒有虛矯的人，以全身心去驗證、指認。這是何等的自信！

在聖福寺假寓期間，道元撰寫了〈普勸坐禪儀〉，全文七百多字，以類似駢體的格式，如文章開頭：「原夫道本圓通，爭假修證？宗乘自在，何費功夫？況乎全體迴出塵埃兮，孰信拂拭之手段？大都不離當處兮，豈用修行之腳頭者乎？然而毫釐有差，天地懸隔；違順纔起，紛然失心。」自問自答，簡潔而有力地陳述自己的主張，闡明坐禪的要領與意義，準備面向當時以教理學問、真言儀軌、戒律苦修等法門為權威主流地位的日本佛教界，提出旗幟鮮明的新主張——「須休尋言逐語之解行，須學回光返照之退步，身心自然脫落，本來面目現前」，放下思慮、慾望、我執、分別，只管和釋迦牟尼、菩提達摩一樣的坐禪去，行佛威儀，靈明覺照，即是開悟本身，也才是正傳的佛法。打坐不是為了達到開悟目的而採取的修行手段，「所謂坐禪非習禪也，唯是安樂（身心脫落）之法門也」。

道元深信，這就是傳承自佛陀、迦葉、初祖達摩、六祖慧能、青原行思，以至洞山良价、雪竇智鑑、長翁如淨，所謂以佛傳佛、「嫡嫡單傳」的心印。

建「興聖寺」
避離京都奈良，開始寫作《正法眼藏》

翌年（1228，後堀河天皇安貞二年）初，道元離開九州，回到闊別五年的京都，依舊掛錫於建仁寺，等待普傳坐禪心法的時機。

期間出現兩位意外的訪客。

首先是一心想追隨道元的寂圓，遠從宋國來到京都，與道元重逢，並帶來如淨遷化的消息。原來恩師如淨在道元辭別後不久即溘然長逝了。

另一位訪客是長道元兩歲的懷奘[44]。懷奘與道元同樣在比叡山得度、受戒，參究止觀、淨土等法門，後來傾心於禪修，入了達磨宗之門。達磨宗為自稱「無師獨悟」的大日房能忍所創，因為沒有師承與正式的嗣法，又否定傳統佛教修行，

44 孤雲懷奘（1199-1280），早年出家於比叡山，修學止觀、俱舍、三論與淨土等，後入達磨宗佛地覺晏參學；文曆元年（1234）起從道元修禪，並隨侍二十年，道元遷化後住持永平寺，日本曹洞宗尊為二世祖，著有《正法眼藏隨聞記》。

為日本佛教界尤其是天台宗所不容，並結合朝廷加以打壓，禁止所有禪宗的傳教活動，還因此連累了傳承臨濟禪的榮西，只能到遠離京都的九州另起爐灶。

1227 年達磨宗在大和國（今奈良）多武峰的修行據點被奈良興福寺僧兵燒毀，徒眾四散，懷奘就是在這時點慕名前來請益的。

道元關於只管打坐的信念，和把讀語錄、看公案而開悟也視為坐禪功德，這些說法深深打動懷奘，也開啟後來以懷奘為首的達磨宗僧侶大量投入道元道場的契機，成為日本曹洞宗草創期關鍵力量；不過此時的道元萍寄於禪、密兼修的建仁寺，沒有屬於自己的禪堂，大環境又充滿了敵意，道元自身難保，和懷奘的因緣只能留待他日圓滿。

由於顧忌跋扈的天台宗，道元回國後只能低調地接引學人，但這位在宋國禪宗五山之一的天童山景德禪寺留學，獲知名禪師如淨印可歸來的年輕僧侶，還是在修行者間口耳相傳，逐漸嶄露頭角，皈依者日眾，不可避免的引起傳統佛教界猜忌，終於在兩年後（1230，後堀河天皇寬喜二年）被逐出京都。

他記取如淨老和尚的臨別贈言——「歸國布化，廣利人天，莫住城邑聚落，莫近國王大臣，須居深山幽谷」，若時機尚未成熟，徒眾不多，能「接得一箇半箇」也好，「嗣續吾宗，勿令（正傳的佛法）斷絕」。儘管再度兩手空空，道元卻

了無憂懼，在京都南郊深草（今伏見）極樂寺所屬別院「安養院」閒居，與充滿是非的兩大佛教重鎮京都、奈良保持一定距離。

卜居深草的第二年他撰寫了〈辦道話〉，以十八個設問自答，闡明在正傳佛法中所謂只管打坐的意義，深化〈普勸坐禪儀〉心法，其中有段話，可視為貫串他生涯修行觀的核心宗旨：

> 夫謂修、證非一者，即外道之見也。佛法之中，修、證是一等也。即今亦是證上之修故，初心辦道即是本證之全體。
>
> 是故教授修行之用心，謂於修之外不得更待有證，以是直指之本證故也。既修是證，證無際限；已是證而修，修無起始。

以初心辦道，也就是身心脫落、不受世法染污、不為成就什麼的坐禪，此即「本證之全體」。如此脫俗、大膽的教示，在傳統佛教界看來近乎火爆挑釁，但是對一心追求真理的人而言，卻如醍醐灌頂般清涼。

或許道場已漸成氣候，在道元離開京都的第四年（1233，四條天皇天福元年）春，應姻親藤原教家、正覺尼之請，於山城國（今宇治）原極樂寺舊址上，興建了興聖寶林寺（通稱興聖寺），因規模未具，僅有佛堂，還沒有法堂與僧堂，於是暫時沿用極樂寺的院號「觀音導利院」。這是第一座以道元為中心的道場。

夏安居期間，他引用《心經》撰寫了〈摩訶般若波羅蜜〉一卷，作為向僧俗大眾開示說法的底稿；中秋又完成〈現成

公案〉一卷，以獨特的角度，闡釋修行與悟道的辯證關係：

> 諸法為佛法之時節，即有迷悟、有修行，有生、有死，有
> 諸佛、有眾生；萬法皆非屬我之時節，無迷、無悟，無諸佛、
> 無眾生，無生、無滅。
>
> 所謂修習佛道者，即修習自己也；修習自己者，即忘卻自
> 己也。忘卻自己者，為萬法所證也。為萬法所證者，即令
> 自己之身心及他己之身心脫落也。

有迷有悟、有生有死、花開花落，是這個世界的真實樣態（「佛法之時節」），我們必須直面這樣的真實，從而理解我們的存在，如果認為森羅萬象皆與自身無關（「萬法皆非屬我之時節」），將落入絕對無、脫卻任何意義的虛妄世界。

〈現成公案〉卷末註明「書與鎮西之俗弟子楊光秀」。鎮西指博多的太宰府，楊光秀大概是道元駐錫九州期間來皈依的信徒。

〈摩訶般若波羅蜜〉和〈現成公案〉也開啟了道元生涯近百卷《正法眼藏》書寫的序幕。

上堂說法
創立正式禪堂，有了專屬寺院

文曆元年（1234）冬，三十七歲的懷奘再次前來，投道元座下參學；翌年（嘉禎元年）八月十五日，道元授懷奘〈佛祖正

傳菩薩戒作法〉，懷奘也開始筆錄日常與道元之間關於修行用心的請益與開示，內容較為平易近人（後集結為《正法眼藏隨聞記》），不像《正法眼藏》那麼晦澀深奧。

十二月，道元上書力陳成立正式僧堂的重要，向朝廷提出〈觀音導利院僧堂建立勸進疏〉：

> 寺院之最要，佛殿、法堂、僧堂也。佛殿本有，法堂未，僧堂最切要也。今為建茲，廠為體，立七間僧宇，堂內無隔，儲長牀，僧眾集住，晝夜行道暫不懈。安聖像於中正，而僧眾圍遶住。歸崇三寶於一堂之儀軌，行來久矣。

「間」是計算建築物面寬的單位，每兩柱之間為「一間」（在計算建築物進深時，每兩柱之間為「一進」），在寬達七間、沒有隔板的僧堂放置若干排長牀，僧眾於其上起居、用餐、坐禪，正中央則供奉文殊菩薩聖像，集佛、法、僧三寶於一室，以合乎傳統佛寺的規矩。

不久朝廷宣旨表示同意。嘉禎二年禪堂落成，興聖寺改全名為「觀音導利院興聖寶林禪寺」，十月十五日舉行開堂儀式，道元正式上堂說法。

這一年深秋在某次請益時，懷奘因聽道元舉「一毫穿眾穴」[45]公案而開悟，十一月十八日面授確認，正式嗣法。當年

---

45 《傳光錄》載某日懷奘參隨道元請益時，因聞「一毫穿眾穴」因緣而有所省悟，晚間禮拜道元曰：「不問一毫，如何是眾穴？」道元微笑回道：「穿了也！」懷奘拜謝。此公案典出《五燈會元》卷九「徑山洪諲禪師」節。

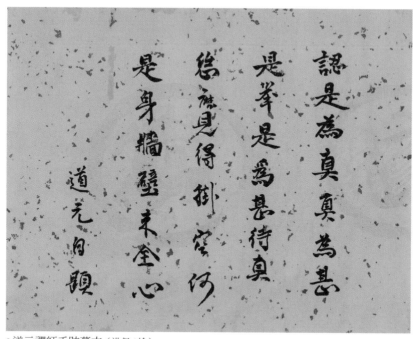

●道元禪師手跡摹本（洪侃／繪）

臘月除夕之日，道元敦請懷奘就任首座、秉拂[46]，從此懷奘不離道元左右。

有了專屬禪堂後，道元的傳法生涯進入一個相對穩定的十年發展期，除了建立制度、維持道場的營運，並先後完成了闡明正確修行態度的《學道用心集》（1234）、詳述禪寺六知

---

46 秉拂原意為手持拂塵說法，任禪寺首座者可代住持上堂說法，稱為秉拂。

事之一的典座應如何運心以遂行職務的《典座教訓》（1237），以及《正法眼藏》中的四十六卷，包括〈有時〉、〈谿聲山色〉、〈諸惡莫作〉、〈嗣書〉、〈佛性〉、〈道得〉等名篇。

1241年春，懷奘的達磨宗師兄弟懷鑑、義介、義尹、義演等先後來到興聖寺，參隨於道元座下，僧團聲勢大振。翌年八月，道元在天童寺的同修、台州瑞巖寺住持無外義遠託人自宋國捎來剛出版的《如淨禪師語錄》，道元特於第二天上堂說法，後又將他所記得但《語錄》未收的問答，集成《續語錄》，並作跋。

不過畢竟是篳路藍縷時期，寺院建築一律從簡，屋頂上蓋的只是茅草，道元曾在1240年的上堂法語中留下一段記錄，說「五月二十五日，梅雨霖霖，草屋漏滴」，走廊、禪堂「平地起波瀾」，僧眾無法打坐，只能找不滴水的地方站著，等當時的直歲僧（負責寮舍建造、管理）慧運脫下僧衣，爬上屋頂進行補漏維修。

除此之外，道場日常運作堪稱平順，可另一方面對朝廷最有影響力的「北嶺」（京都比叡山延曆寺）、「南都」（奈良興福寺）對道元卻猜忌日深。雖已「莫住城邑聚落，莫近國王大臣」，看來宇治還不夠遠，傳統佛教界對僧團的衝擊、彈壓逐漸加大力道，道元深感在近畿再無容身之處，非得找個真正的「深山幽谷」不可了。

這時他的在俗弟子也是最有力外護、鐮倉幕府武將波多

野義重[47] 提供位於越前國志比莊（今北陸地方福井吉田郡）的一塊
領地給僧團，作為可長可久的弘法基地。後嵯峨天皇寬元元
年夏安居解夏次日（1243 年七月十六日），道元率領弟子永久離
開了京都地區。

永平開山
完成七堂伽藍，明定禪院清規

　　道元將興聖寺交由詮慧（一說義準）住持，與弟子們首途北
上，同時帶著更大的決心──一個在京都想都不敢想的願景：
與宋國正規禪寺配置一模一樣，一座擁有山門、佛殿、法堂、
禪堂、庫院（廚房）、浴室、東司（廁所）的七堂伽藍。

　　但在窮鄉僻壤要進行偌大工程談何容易？寺院新建工程
陸續完成前，只能在義重的領地內流離輾轉，借住於既有的
簡陋修行施設，主要是在吉峰寺（今竹原）古精舍、禪師峰（今
大野一帶）的茅庵，以及未來的伽藍基址三地之間，通過山徑
往還，由夏入秋，然後是「雪深三尺、大地漫漫」的北陸之冬。

　　即便在如此顛沛艱難的環境下，道元仍完成了《正法眼

---

47 波多野義重，鎌倉時代武將，皈依道元，為日本曹洞宗初期重要外護，永平寺即座落
於其領地，被尊稱為「開闢檀那」（開宗草創期的施主），後代子孫一直被永平寺列為
檀家之首。

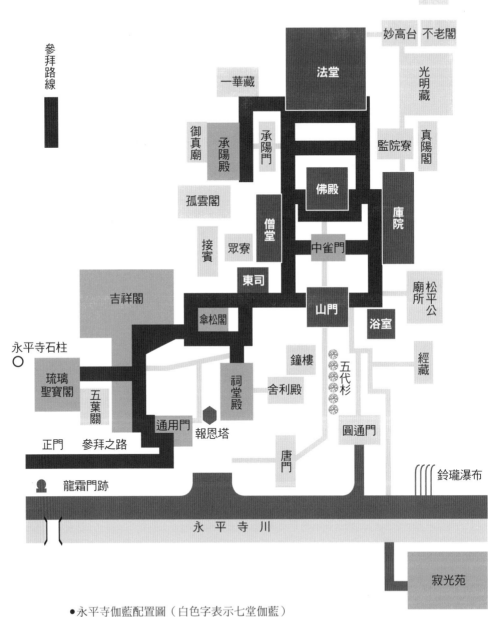

●永平寺伽藍配置圖（白色字表示七堂伽藍）

藏》中〈三界唯心〉、〈諸法實相〉、〈遍參〉、〈發菩提心〉、〈坐禪箴〉、〈坐禪儀〉等近三十卷的寫作。

寬元二年（1244）二月二十九日，大佛寺法堂起造，四月二十一日立柱、上樑，七月中落成，十八日道元開堂說法，並宣佈「自今日起名此山曰吉祥山，號此寺為大佛寺」，又作頌云「諸佛如來大功德，諸吉祥中最無上，諸佛俱來入此處，是故此地最吉祥」；十一月僧堂上樑。翌年四月十五日，大佛寺首次結夏安居。

後深草天皇寬元四年（1246，年初踐祚，沿用其父後嵯峨天皇年號）六月十五日，吉祥山大佛寺改名傘松峰永平寺，用以紀念漢明帝永平十年白馬馱經、佛教東傳此一重要歷史事件；同一天宣佈〈知事清規〉。

這一年四十七歲的道元也先後寫就〈示庫院文〉、〈赴粥飯法〉，和〈清規〉一樣，都是以宋國禪院為圭臬的人事管理須知與生活守則。

由於客觀條件不足，主建築七堂伽藍的完成需要時間，其它需要加蓋的附屬建築，如供有專職的知事、寮主、藏主等執務的房間，或是生活所需，如洗衣處和縫製衣物的「把針處」，給老宿住的安樂堂、看護患病者的涅槃堂等等，都只能慢慢補齊。

儘管如此，偏踞北國的道場漸成氣候，各地前來參隨的僧侶日增，因此也因應需要而正式指派了知客一職，並請義

介[48]充任典座。

後深草天皇寶治元年（1247）夏八月，道元應幕府「執權」北條時賴[49]之請，遠赴剛結束一場流血動亂（史稱「寶治合戰」）的鎌倉弘法，並為政爭後得勢的時賴授菩薩戒。期間駐錫於波多野義重位於鎌倉名越地方的府邸，並與剛自宋國來到京都的臨濟宗禪師蘭溪道隆[50]有書信往來。

道元深知純粹的佛道修行必須遠離名利、趨避權勢，之所以前往是非之地，想必是考慮到大護法義重的處境。據說時賴曾表示希望道元長住鎌倉，並願意捐獻一座寺院，但為道元婉拒。

道元人在關東，心心念念都是北陸隆冬被大雪封山的僧院，以及辛苦辦道、執務的僧眾，當他在客舍聽到驚蟄，知寒冬已過，乃於寶治二年二月中，引用《大般涅槃經》阿闍世王病重，恐懼因殺父之罪而入地獄，六大臣輪流勸慰的故實，書〈鎌倉名越白衣舍示誡〉一文送呈北條時賴，暗諭在

48 徹通義介（1219-1309），十三歲入達磨宗，1241 年與其師懷鑑共投道元座下，曾任典座，也曾渡宋考察各重要禪宗道場，詳錄伽藍配置與清規儀節；在懷奘之後任永平寺第三代住持。
49 北條時賴（1227-1263），與父兄前後擔任鎌倉幕府最高政務輔佐的「執權」，因戰功權傾一時，實際操縱幕府將軍廢立；對禪宗道場鼎力支持，晚年出家。
50 蘭溪道隆禪師（1213-1278），十三歲於成都大慈寺出家，初學各宗經論，後專修禪法，遍歷徑山寺、天童寺等道場，後嗣法臨濟宗楊岐派無明慧性禪師；1246 年東渡日本，在幕府高官庇護下，成為鎌倉建長寺開山者，也曾受讒被兩度流放；後又先後住持京都建仁寺、壽福寺、鎌倉禪興寺，諡號大覺禪師。

政爭中導致失勢一方五百餘人自刃喪命的時賴，必須以餘生懺悔前愆始能解脫。之後道元即辭別鎌倉，於三月十三日回到永平寺。

　　翌日上堂說法，或許有弟子懷疑他接觸幕府的動機，他特別解釋前後半年的鎌倉之行，說「昨年八月初三日，出山赴相州鎌倉郡，為檀那俗弟子說法」，並沒有提及北條時賴，「這一段事，或有人疑著，涉幾許山川，為俗弟子說法，似重俗輕僧，又疑有未曾說底法」，怕有人懷疑他大老遠跑去給當權者傳什麼密法，道元說沒有，「只為他說：修善者昇，造惡者墮，修因感果，拋磚引玉而已」，請大家釋疑，最後並以「山僧出去半年餘，猶若孤輪處太虛，今日歸山雲喜氣，愛山之愛甚於初」表明心跡。

　　十二月二十一日起草〈永平寺庫院制規〉，明定庫院管理施主齋僧錢、米的使用規矩，不得挪用去買菜或換購糕餅、柴薪，也不可外借。寶治三年（後改元建長）正月初一歲朝上堂，並舉辦羅漢供法會，於方丈室供養十六大阿羅漢；同月撰〈吉祥山永平寺眾寮箴規〉，條陳僧寮生活中必須遵守的戒律（如寮中不可接待賓客、聚談世間事、閱讀俗典閒書、置樂器或武器等）與威儀（如彼此和睦互敬、尊重隱私，不可高聲讀經誦咒、測度他人凡聖、以貌取人等），之後每月一、十一、二十一日，戒臘較短者負責準備茶湯點心，待僧眾用過後，由首座對大眾朗讀此清規一遍，此制度維持至今。

八月中秋，寺中作了一幅道元禪師賞月圖，道元興起提筆於其上寫下自贊詞曰「氣宇爽清山老秋，覷天井，皓月浮，一無寄，六不收，任騰騰粥足飯足，活鱍鱍正尾正頭，天上天下，雲自水由」，後署「永平寺開闢沙門希玄」。從出家時取的天台宗僧名「佛法房道元」，正式改用禪僧名「希玄道元」，這一年道元五十歲。此畫作（見 p.36）現藏於寶慶寺（今福井縣大野市）。

大概僧眾之間一直都有雜音，擔心道元會再度應幕府或朝廷所請，離開追隨多年的弟子和草創期的永平寺，道元乃於九月十日對全寺僧眾宣示：「從今日盡未來際，永平老漢恆常在山，晝夜不離當山之境，雖蒙國王宣命，亦誓不離當山」，但願善盡修行人本分。

源遠流長
五十四歲示寂，大願代代相續

建長二年正月十一日，除了宣讀〈眾寮箴規〉，並繼延應元年（1239）在興聖寺、寬元元年（1243）在吉峰寺，第三次開示〈洗面〉（《正法眼藏》）。

道元非常著重洗面、洗淨，特立篇章詳述如何刷牙、洗臉、理髮、沐浴、如廁，因為這是團體生活中維持威儀，也是順暢運作的根本，就像唐僧義淨除了翻譯佛經，還特別寫

了一部《南海寄歸內法傳》，所謂「內法」，除了僧伽制度和戒律外，也有很多篇幅是引介印度那爛陀學園相對先進的衛生規範。生活即修行，戒律與威儀是互為表裡的。

這一年梅雨季期間的六月初十，道元因「祈晴」而上堂，因為「去年今年，春夏秋冬，天下降雨，晝夜不息，百姓憂愁，五穀不登」，於是依照如淨禪師在天童寺往例，祈求諸佛菩薩護佑，「先師未上堂時，諸佛諸祖未曾上堂；先師上堂時，三世諸佛、六代祖師，一切鼻孔、萬箇眼睛，同時上堂，不得一刻先，不得半刻後也。永平今日上堂，亦復如是」，但盼雲開日出，救世間苦。同年外護波多野義重發起抄寫《大藏經》以供養永平寺。

建長三年（1251）九九重陽作頌云：「三間茅屋足清涼，鼻孔難瞞秋菊香；鐵眼銅睛何潦倒，越州九度見重陽。」離開京都來到北陸地方，已經過第九次重陽了，新道場的修行生活依然艱辛，但陸續確立的各種規矩軌範，讓僧團行事運作更加順暢。

建長四年（1252）秋，長年為法忘軀的道元染疾，病況一直沒有好轉。翌年正月六日提倡《佛遺教經》，作宗旨、綱要之講義；當天〈八大人覺〉完稿，成為《正法眼藏》系列的最後篇章，之後道元即無力再從事著述了。

七月上旬，道元病情加重，由義介專責照護。七月十四日，道元將永平寺住持之職，連同自己手縫袈裟一領交付大

弟子懷奘（永平二世）；八月初又將八齋戒（刻有不殺盜淫、不妄語、不飲酒等八項戒條）的印板傳與義介（永平三世）。

八月五日，在波多野義重勸說下，由懷奘等伴同，出發前往京都接受治療，但已太遲。道元在京都高辻（今四條烏丸附近）俗弟子覺念府邸度過最後一個中秋節，自知將不起，留下辭世之偈「五十四年，照第一天，打箇蹼跳，觸破大千；咦，渾身無覓，活陷黃泉」，八月二十八日示寂，世壽五十四，戒臘四十；九月初於京都東山付荼毗。

九月十日，懷奘帶著道元舍利回到永平寺，十二日舉行入涅槃儀式。後日弟子們建舍利塔承陽庵於永平寺西北隅，奉祀道元遺骨。

開山者不在了，但如何將他所有的知識、所傳的正法完整留給後來者，如何實現道元在日本建立一個完全合乎宋國禪院標準之道場的大願，以懷奘、寂圓、義介、義演等資深弟子為首的追隨者們都責無旁貸。

一方面他們陸續抄錄、編輯道元所撰近百卷《正法眼藏》，並結集了《永平廣錄》十卷，共收道元近六百篇上堂、小參、法語、偈頌等，又發現道元生前並未示眾的與師如淨問答筆記《寶慶記》（共四十四則），加上懷奘個人入室參學的筆記《正法眼藏隨聞記》共六卷九十九篇。

另一方面，為了讓道場施設更加完備，義介於後深草天皇正元元年（1259，宋理宗開慶元年）銜懷奘之命渡宋，以三年時間

歷訪寧波天童寺、台州萬年寺、南京靈谷寺、杭州的徑山寺、淨慈寺、靈隱寺等重要寺院考察，以圖片和文字詳細記錄各伽藍的樣式、配置、佛具、儀節作法等。據說現在金澤大乘寺所藏《五山十剎圖》二卷（國家指定重要文化財）就是義介的手筆。其中若干寺院，數世紀來歷經天災人禍而毀壞，幸好有日本寺院所藏圖式，重修時方能據以復原。

龜山天皇弘長元年（1261），遠自宋國前來參隨道元的寂圓，因為修行理念扞格[51]而離開永平寺，孤身前往越前大野銀椀峯苦修，後創立寶慶寺，並接引學人。文永元年（1264，宋理宗景定五年），懷奘、義介的師兄弟義尹攜帶《永平廣錄》的初期版本《永平略錄》渡宋，請道元在天童寺如淨禪師座下同參的無外義遠等人幫忙校訂，確認內容沒有違背宗旨。文永四年，七十歲的懷奘因病退住，由義介接任永平寺第三代住持。後宇多天皇弘安三年（1280），後日總持寺——日本曹洞宗另一大本山——開山者瑩山紹瑾[52]在懷奘座下得度；八月二十四日懷奘遷化。弘安十年，與懷奘、義介、義尹同樣自達磨宗來歸的義演接任第四代住持。後伏見天皇正安元年

---

51 詳見下文。
52 瑩山紹瑾（1268-1325），出身越前（今福井）豪族瓜生氏家系，八歲入永平寺，十三歲依懷奘得度，後四處行腳，曾訪參寶慶寺寂圓、上比叡山受天台教學，二十八歲嗣法於義介；1313 年創建能登（今石川縣羽咋市）永光寺，1321 年後醍醐天皇頒賜紫衣並敕額，永光寺改名總持寺，著有《傳光錄》、《瑩山清規》、《坐禪用心記》等多種。

（1299）九月十三日寂圓以九十一高齡入滅；十年後義介遷化，又五年（1314，花園天皇正和三年）義演遷化。

　　道元示寂後六十年，所有和道元有師、弟直接因緣者，至此再無一人住世。義演之後，由來自寶慶寺的寂圓嗣法弟子義雲接任第五代住持，從此永平寺住持皆由寂圓派下義雲的法孫代代相續。

　　日本曹洞宗的新時代已然成形，而鎌倉幕府則來到了尾聲。

　　道元所開創的日本曹洞宗，以寧波天童寺為祖庭，於歷史的流轉中發生了各種變貌，在道元示寂後不久即現出端倪。

　　道元曾訂〈永平寺住侶制規〉，明令禁止僧眾受請外出為在家信徒主持祈福等法事，義介則主張僧侶應慈悲為懷、廣結善緣，不宜排斥密教色彩的誦咒加持等事。寂圓因堅持遵循道元規約而離開永平寺，而曾以沙彌身份跟隨過義介的瑩山紹瑾則支持義介理念。後來瑩山開創的石川永光寺因在佛法普傳、饒益眾生上卓有成果，獲得後醍醐天皇支持，於元亨二年（1322）頒「總持寺」敕額，並宣旨定其為「曹洞賜紫出世第一之道場」（相對於永平寺作為出家眾修行的道場，總持寺則輔以度化在家眾的功能），具有官寺身份，且給與大本山的地位，與永平寺平起平坐。自此曹洞宗經官方認證為正式教團，其影響力也開始跨出北陸一隅，傾力於地方佈教，逐漸成為全國性的宗教組織。

　　福井永平寺多次毀於兵燹、祝融，今天的伽藍都是近世

以降所建；石川總持寺亦於明治三十一年（1898）毀於大火，之後乃轉移佈教中心，建設新道場於橫濱市鶴見區，即今日的大本山總持寺。石川舊道場亦經重建，名為大本山總持寺祖院。

如今日本曹洞宗法系所屬派下寺院（日文稱之為「末山」或「末寺」，以相對於「本山」、「本寺」）有一萬四千五百座，信徒超過五百萬，解行兼具的禪師輩出。

上世紀六〇年代受所謂垮掉的一代（Beat Generation）學潮、反戰與嬉皮運動影響，禪宗開始在歐美風行，最早在舊金山設立的禪修中心，其導師即是日本曹洞宗知名禪師鈴木俊隆[53]；而曾輔佐鈴木俊隆、與蘋果電腦創辦人賈伯斯（Steve Jobs）有密切交往的乙川弘文禪師[54]，也是曹洞宗僧侶。目前日本曹洞宗所屬海外道場共有一二五座，主要分佈於北美與歐洲。

---

53 鈴木俊隆（1905-1971），生於神奈川平塚曹洞宗寺院，大學畢業後先後在永平寺、總持寺修習，1959 年渡美，任舊金山桑港寺住持，信徒以日裔為主，後日裔以外的美國參禪者日眾，另設「舊金山禪修中心」（SFZC）；1967 年起住持美國最初的禪修道場禪心寺（Tassajara Zen Mountain Center），在歐美與鈴木大拙並稱「二鈴木」，著有《禪者的初心》等。
54 乙川弘文（1938-2002），生於新潟加茂的曹洞宗寺院，先後就讀駒澤大學、京都大學研究所，曾在永平寺修習三年，1967 年應鈴木俊隆之邀渡美，協助推廣禪修教學，1971年鈴木俊隆遷化後，任 Los Altos 禪修中心導師；1979 年起住持 Los Gatos 慈光寺。

●寶泉院藏道元禪師頂相摹本（洪侃／繪）

道元略年譜

和曆 / 南宋年號	西曆	年齡	記事
土御門天皇正治二年	1200	1	一月二日，生於京都。
土御門天皇建仁二年	1202	3	十月，父久我通親（？）去世。
土御門天皇承元元年	1207	8	冬，母（伊子？）去世。
順德天皇建曆二年	1212	13	上比叡山，成為橫川般若谷千光房的沙彌。
順德天皇建保元年	1213	14	四月九日，在天台宗座主公圓法師見證下剃度，次日在戒壇院受菩薩戒。
順德天皇建保二年	1214	15	向近江園城寺公胤問法，公胤建議道元入宋留學。
順德天皇建保五年	1217	18	八月下比叡山，掛錫京都建仁寺，在榮西法嗣明全座下修習。
後堀河天皇貞應二年 宋寧宗嘉定十六年	1223	24	二月二十二日與明全等自京都出發，三月下旬於博多（今福岡）搭民間商船渡宋，四月初抵達明州（寧波），停泊碼頭期間巧遇對道元影響深遠的阿育王山典座。 七月，入天童山景德寺（天童寺）。
後堀河天皇元仁元年 宋寧宗嘉定十七年	1224	25	七月，明全營辦供養榮西禪師的大齋會。 秋，天童寺住持無際了派示寂，如淨禪師奉勅住持天童寺。 冬，道元參訪明州、台州、杭州諸山寺院。
後堀河天皇嘉祿元年 宋理宗寶慶元年	1225	26	五月一日，與如淨禪師相見。 五月二十七日，明全遷化。 七月二日起獲許入如淨禪師方丈面授，並開始筆記師徒之間法語問答（後集結為《寶慶記》）。 夏安居期間，以「身心脫落」破參，獲如淨印可；九月十八日，如淨授〈佛祖正傳菩薩戒〉。

和曆 / 南宋年號	西曆	年齡	記事
後堀河天皇安貞元年 宋理宗寶慶三年	1227	28	夏，獲如淨嗣書，攜明全遺骨自宋歸國，暫寓博多（福岡）聖福寺，期間撰《普勸坐禪儀》。 如淨禪師示寂。
後堀河天皇安貞二年	1228	29	年初歸京，掛錫建仁寺。 道元於天童寺的師兄弟寂圓自明州渡日，與道元重逢。 懷奘（後來的永平二世祖）初訪道元問法。
後堀河天皇寬喜二年	1230	31	被逐出京都，假寓於山城（伏見）深草極樂寺安養院。
後堀河天皇寬喜三年	1231	32	中秋，撰〈辦道話〉，為《正法眼藏》系統著述的開始。
四條天皇天福元年	1233	34	春，應藤原教家、正覺尼之請，於山城國（宇治）建觀音導利院興聖寶林寺（興聖寺）。
四條天皇天福二年	1234	35	三月九日至清明撰〈學道用心集〉。 冬，懷奘參隨道元，開始記錄佛法問答（後集結為《正法眼藏隨聞記》）。
四條天皇嘉禎元年	1235	36	上書〈宇治觀音導利院僧堂建立勸進之疏〉，後興聖寺獲准設立禪堂。
四條天皇嘉禎二年	1236	37	十月十五日，舉行觀音導利院興聖寶林禪寺開堂式，上堂說法。 臘月除夜，請懷奘擔任首座、秉拂。
四條天皇嘉禎三年	1237	38	春，撰《典座教訓》。
四條天皇仁治二年	1241	42	春，懷鑑、義介（永平三世祖）、義尹、義演（永平四世祖）投道元座下參學。
四條天皇仁治三年	1242	43	八月五日，友人從宋國送到剛出版的《如淨禪師語錄》，翌日上堂。撰〈天童如淨禪師續語錄跋〉。
後嵯峨天皇寬元元年	1243	44	受比叡山延曆寺彈壓，於七月十六日離開興聖寺，與弟子們轉往越前地方（福井）外護波多野義重所提供領地發展，籌建以禪修為主的伽藍。 假寓禪師峰下茅庵、吉峰寺古精舍等地，顛沛流離仍說法、撰述不斷。

和曆 / 南宋年號	西曆	年齡	記事
後嵯峨天皇寬元二年	1244	45	二月底，越前志比莊大佛寺法堂起造，四月大佛寺法堂立柱、上樑。 七月十八日，吉祥山大佛寺落成，開堂說法。 十一月，大佛寺僧堂上樑。義介任典座。
後嵯峨天皇寬元三年	1245	46	四月十五日，大佛寺首次結夏安居。
後深草天皇寬元四年 （二月踐祚，沿用先皇年號）	1246	47	六月十五日，吉祥山大佛寺改名傘松峰永平寺。 撰〈越前永平寺知事清規〉、《赴粥飯法》。
後深草天皇寶治元年	1247	48	八月，應執權北條時賴請前往鎌倉，並為時賴授菩薩戒。
後深草天皇寶治二年	1248	49	三月十三日，自鎌倉回到永平寺，翌日上堂。
後深草天皇寶治三年 / 建長元年	1249	50	正月一日，歲朝上堂，舉行羅漢供法會；撰〈吉祥山永平寺眾寮箴規〉。 中秋日，於觀月畫像上題字自贊。 九月十日，宣示「盡未來際，誓不離吉祥山」。
後深草天皇建長二年	1250	51	六月初十，祈晴上堂。 是歲，波多野義重發起書寫《大藏經》供養永平寺。
後深草天皇建長四年	1252	53	秋，道元示疾。
後深草天皇建長五年	1253	54	正月六日，撰〈八大人覺〉，為《正法眼藏》最後一篇。 七月十四日，永平寺住持職由懷奘接任（永平二世）。 八月五日，在波多野義重勸請下，由懷奘伴隨前往京都就醫療養。 八月二十八日，道元於京都高辻西洞院俗弟子覺念邸示寂，旋付茶毘。 九月十日，懷奘帶著道元禪師舍利回到永平寺，兩天後舉辦入涅槃式，並奉祀道元遺骨於承陽庵。

普勸坐禪儀

七百多年來

以大本山永平寺為首的日本曹洞宗各僧堂

每天最後一次坐禪都必誦讀《普勸坐禪儀》

那正是開山祖師道元親筆撰寫的坐禪要領細說

全文雖不到八百字

卻蘊涵了道元獨到的修行見解

●監香法師手持香板,調整禪眾姿勢不正確或昏沉時的提醒,
先輕點肩膀以示預警,接著重打予以警策。

導讀

1227 年自宋國返回日本後，道元假寓博多（今福岡）聖福寺，期間撰寫了《普勸坐禪儀》，待回到京都建仁寺掛搭，即向日本佛教界、向扶桑島國的眾生，披露了全文不到八百字、類駢體文組成的坐禪奧義。

「普」即普遍沒有遺漏，不管出家、在家、貴族、平民，也就是普天下眾生；「勸」即勸導、推介，「儀」就是威儀、規矩。直到近八百年後的今日，以大本山永平寺為首的日本曹洞宗各僧堂，每天最後一次坐禪，也就是開枕就寢前的「夜坐」，所有雲水都要齊聲誦讀《普勸坐禪儀》。

嘉祿本、天福本、流布本

《普勸坐禪儀》最早的版本完成於道元禪師從寧波天童寺回到日本後不久，約嘉祿三年（1227）前後，即所謂「嘉祿本」，但原本已失傳；如今收藏於永平寺，被定為日本國寶的道元手書《普勸坐禪儀》，則寫於天福元年（1233）中元日，即「天福本」。

　　但流布後世通行至今的，卻是收輯於《永平廣錄》中的所謂「流布本」，為後世最常見的版本。日本曹洞宗寺院誦讀的《普勸坐禪儀》，即是這個版本——或可名之為「定本」。

　　相對於「天福本」開頭道元自署「入宋傳法沙門道元撰」，「流布本」則是「觀音導利興聖寶林寺沙門道元撰」。道元駐錫興聖寺期間為嘉禎元年（1235）到寬元元年（1244），兩個版本完成時期相距不遠，內容大致相同，但也也幾處明顯的差異。

　　道元手書「天福本」《普勸坐禪儀》的內容，以北宋長蘆宗賾（約1053-1104）編撰《禪苑清規》中所收〈坐禪儀〉（參見p.111附錄一）為藍本，部分用語如「放捨諸緣，休息萬事」、「如龍得水，似虎靠山」，或是關於打坐的姿勢要領等，相似度極高，表面上可以說大量移植唐土主流的禪修心要；但到了「流布本」，卻做了較大的刪修。

　　如「流布本」起首處「然而毫釐有差，天地懸隔；違順纔起，紛然失心」之後，原來的「天福本」尚有「須知歷劫輪廻，還因擬議之一念；塵世迷道，復由商量之無休。欲超

向上之徹底，唯解直下之承當」；此外「天福本」談到禪坐時要「念起即覺，覺之即失；久久忘緣，自成一片」，以及禪坐的六大效用：「四大輕安、精神爽利、正念分明、法味資神、寂然清樂、日用天真」，都不見於「流布本」。

關於版本異同以及刪修原因，並非無跡可尋。

道元曾寫過〈普勸坐禪儀撰述由來〉，直言唐代百丈禪師所傳乃「達摩大師之佛法」，不能稱之為「正傳之佛法」；又說宋代宗賾大師《禪苑清規》的〈坐禪儀〉雖承襲「百丈之古意」，但也加入個人的私見，自「釋尊正傳的佛法」觀點而言，有「多端之誤」與「埋沒之失」。

所以他結合了自己「於宋土所見聞參究之真訣」與「在如淨禪師膝下所習得之坐禪真髓」而撰寫了這篇《普勸坐禪儀》。

「坐禪」非「習禪」，修證一等

此外，在他的《正法眼藏》中，完成時間晚於「天福本」

●道元強調「只管打坐」，當下體現「修證一等」，而非「習禪」待悟。

《普勸坐禪儀》整整十年的〈坐禪箴〉之卷，也是對歷代禪宗大德耆宿所撰各種坐禪銘、坐禪儀、坐禪箴等都語帶保留，認為他們所傳授的禪法，崇尚「還源返本、息慮凝寂」，將打坐、看話頭、參公案當作通向證悟的過程，這樣的禪修以「待悟為則，譬如假船筏而度大海，將謂度海而可拋船」，但「吾佛祖坐禪不然，是乃佛行也」，坐禪者即佛，而佛的本體，是「宗、說、行一等也，一如也；宗者證也，說者教也，行者修也」（以上引文參見《永平廣錄》卷八〈法語〉「全體本然」節），對佛法真理的認識、在認識的前提下修行、在修行中印證真理，理應同時並在，不宜有先後分別。

所以道元在《普勸坐禪儀》最後定本中刪除了「四大輕安、精神爽利」等所謂禪坐的六大效用，就是要避免修行者產生不必要的誤會，以為禪坐有其它目的。

「天福本」中，於修行者坐定正身、調息之後，直接摘取宗賾〈坐禪儀〉「一切善惡都莫思量，念起即覺，覺之即失；久久忘緣，自成一片」的說法，作為坐禪之要領；到了「流布本」則改為引用藥山惟儼（745-828）著名的「非思量」公案

問答。

　以上版本的羅列比定，並非為了文獻訓詁，而是呈現道元在不同時期修行觀的推移。

　道元所肯定的，是受其師如淨推崇的天童山景德寺宏智正覺（1091-1157）之禪修觀（參見 p.114 附錄二〈坐禪箴〉），並以自身的體驗與理解，提出了道元版的〈坐禪箴〉與之呼應唱和（參見 p.115 附錄三）；然而與宏智正覺同時代、斥曹洞宗為「默照邪禪」的臨濟宗大慧宗杲（1089-1163），其實也一直強調「不得用意等悟」、「不用將心等悟」，並不像道元批評的所謂「待悟為則」。

　只能說曹洞、臨濟各闢蹊徑，前者機關不露，後者棒喝分明，其最終挑戰的嚴峻關門——超越自他、能所的絕對真理，畢竟無有高下難易之分。

　《普勸坐禪儀》中關於坐禪的要領以長蘆宗賾〈坐禪儀〉為圭臬，至於坐禪的根本意義與功德，則謹守如淨禪師的教導——透過「只管打坐」，亦即佛陀的禪悟之姿，當下體現「修證一等」之神髓。

　　《普勸坐禪儀》揭示了「所謂坐禪非習禪也，唯是安樂之法門也」，「坐禪」和「習禪」有何不同？怎麼叫「安樂之法門」？且待道元禪師說分明。　　　　　　　■

普勸坐禪儀

觀音導利興聖寶林寺沙門道元撰

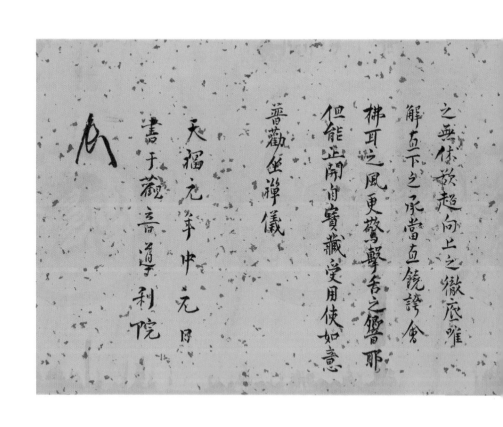

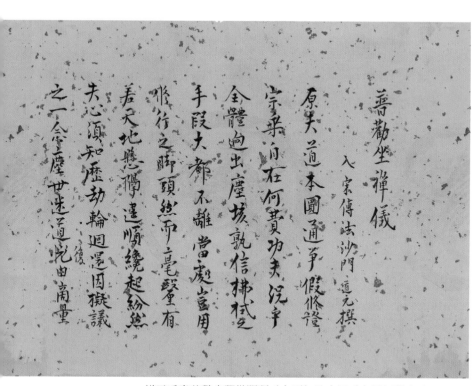

普勸坐禪儀

入宋傳法沙門 道元撰

原夫道本圓通爭假修證

宗乘自在何貫功夫況夫

全體迥出塵埃孰信拂拭之

手段大都不離當處豈用

修行之脚頭然而毫釐有

差天地懸隔違順纔起紛然

失心須知歷劫輪迴還因擬議

之一念塵世迷道光由商量

●道元手書普勸坐禪儀開頭（右頁）及末尾（左頁）摹本（洪侃／繪）

原夫道本圓通，爭假修證？宗乘自在，何費功夫？

況乎全體迴出塵埃分，孰信拂拭之手段？

大都不離當處分，豈用修行之腳頭者乎？

然而毫釐有差，天地懸隔；違順纔起，紛然失心[1]。

直饒誇會豐悟分，獲瞥地之智通；得道明心分，舉衝天之志氣。

　　究竟而言，佛陀教導我們的真理與智慧，本來就完整具足地含藏於萬事萬物之中，那又何必透過修行才能獲得證悟呢？佛法的真理與智慧既然在一切存有之中彰顯無礙，又須經由各式各樣的手段精進用功來求取？

　　何況所有的真理與智慧本來就遠離迷妄的塵埃，為什麼還要講究拂拭塵埃的方法？所謂「證悟」從未遠離我們當下的行、住、坐、臥，哪還需要忙著到處尋求修行的途徑？

　　話雖如此，但只要起心動念稍有違誤，即使只是毫釐之微，其結果很可能是天差地遠；只要一有取捨分別，我們的念頭即會惶惑紛亂，反而不識得真理的本來面貌。

　　縱使自認會通所有佛法，對證悟的境界也可以用大量語言、文字加以表述，其實都只得圓滿智慧的九牛一毛；即使深入領悟了佛法精髓，究明真心實相，因而滿懷衝天的氣概，這些不過都是對佛法的執著，猶如在入口處徘徊，尚未深入

---

1 《景德傳燈錄》卷三十傳僧璨禪師作〈信心銘〉：「毫釐有差，天地懸隔；欲得現前，莫存順逆；違順相爭，是為心病。」

雖逍遙於入頭之邊量，幾廚關於出身之活路。

矧[2]彼祇園之為生知兮，端坐六年之蹤跡可見；

少林之傳心印兮，面壁九歲之聲名尚聞。古聖既然，今人盍[3]辦？

所以須休尋言逐語之解行，須學回光返照之退步。

身心自然脫落，本來面目現前。欲得恁麼[4]事，急務恁麼事[5]。

究竟真理的堂奧，對不受佛法所束縛的、活脫脫的生命本質還缺乏正確的理解。

何況於祇園精舍說法的釋迦如來，儘管天生即有過人的智慧知見，但我們都曉得他在成道之前依然禪坐苦修六年，垂範後世；傳承佛陀心印的少林寺達摩祖師，也是以面壁坐禪九年的事跡而名聞至今。古代的佛陀、祖師大德都如此打坐修行了，發心求道的我們怎麼可以不盡心追隨呢？因此不要試圖透過語言文字或邏輯知識去探求真理與智慧了，重要的是停止向心外求法，回頭坐禪辦道，諦觀自己心性運作的真實樣貌。如此一來，我們的身心自然從一切慾望與思辨的束縛中解脫，了悟作為一個人的本來樣態，是如何的與佛無二無別。

若想獲得那樣的境界，不要遲疑，開始用心參禪辦道吧！

---

2 矧，音同「審」，何況、況且。

3 盍，音「何」，何不。

4 恁，音ㄖㄣˋ；恁麼，即如此、這般。

5 《景德傳燈錄》卷十七〈洪州雲居道膺禪師〉章：「欲得恁麼事，須是恁麼人；既是恁麼人，何愁恁麼事？」

夫參禪者，靜室宜焉，飲食節矣。

放捨諸緣，休息萬事，不思善惡，莫管是非。

停心意識之運轉，止念想觀之測量。莫圖作佛，豈拘坐臥乎？

尋常坐處，厚敷坐物，上用蒲團。

或結跏趺⁶坐，或半跏趺坐。謂「結跏趺坐」，先以右足安左脛⁷上、

　　打坐參禪，應選擇不受干擾的安靜房間；飲食要適度，不宜過飽或空腹。

　　放掉過去種種纏縛紛擾，停止為生活中的諸般事務煩心；不要執著於善、惡的取捨，也不要帶著是非、分別的念頭。

　　不可放任心念意識運轉不休，也不要用思慮、觀想去測度事物。別儘想著成佛；不只是禪坐時，即使在日常行住坐臥中亦不可妄做此想。

　　正式坐禪的地方，應該鋪層厚墊，上面安一只蒲團以為坐具。

　　坐姿可分為「結跏趺坐」與「半跏趺坐」。所謂結跏趺坐，首先將右腳背置於左大腿上，然後將左腳背置於右大腿上；半跏趺坐則僅僅將左腳背壓在右大腿上即可。

---

6 「跏」指雙腿交疊，「趺」同「跗」，腳背。
7 「脛」同「髀」，音「必」，大腿。

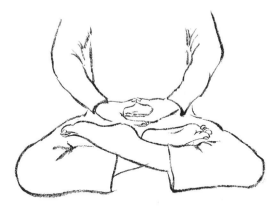

● 結跏趺坐（雙盤），先將右腳背置於左大腿上，
　再將左腳背置於右大腿上。

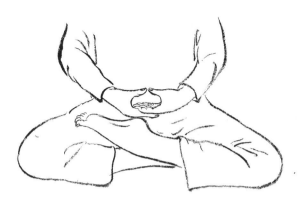

● 半跏趺坐（單盤），將左腳背壓在右大腿上即可。

左足安右膆上；「半跏趺坐」，但以左足壓右膆矣。

寬繫衣帶，可令齊整；次右手安左足上、左掌安右掌上，

兩大拇指、面相拄矣。

乃正身端坐，不得左側右傾、前躬後仰。要令耳與肩對、鼻與臍對；

舌掛上腭、脣齒相著，目須常開，鼻息微通。

　　須穿著寬鬆的衣物，束帶等也要放開一些，但還是得收拾齊整，不可散亂；接著將右掌〔掌面朝上〕[8]安放左腳上、左掌置於右掌上，並讓兩大拇指尖彼此抵觸。

　　上半身坐姿要端正，不可左斜右傾、前俯後仰。從側面看，耳朵與肩膀在一垂直線上；自正面看，鼻子要與臍部對齊。舌尖抵住上顎，脣、齒都應該上下合攏，雙眼微睜，不可緊閉，鼻子則輕輕地呼吸。

---

8 原文所無但為讓白話譯文更清楚完整而演繹的文字，前後以中括弧標註之，下同。

● 坐禪示意圖：
　著寬鬆衣物，右掌安放於左腳上，
　左掌置於右掌上，兩大姆指相抵觸。

身相既調，欠氣一息，左右搖振。

兀兀[9]坐定，思量箇不思量底。

「不思量底」如何思量？非思量[10]！此乃坐禪之要術也。

所謂「坐禪」非「習禪」也，唯是安樂之法門也，究盡菩提之修證也。

公按現成[11]，籮籠未到。

坐姿都協調好了以後，即深呼吸一口氣，並以脊骨為軸，左右搖動做最後微調。身體的調整告一段落，晏然坐定，不動如山，接著調整心念意識，開始思量一個「不思量的狀態」。「不思量的狀態」要如何思量？就是「非思量」〔——不落入凡塵俗世的相對分別觀點，並超越語言、知識與邏輯理性的思考模式，但又不是不知不覺、茫漠僵窒的狀態〕！這是坐禪的核心要訣。

所謂坐禪，並非熟習禪定〔作為求取證悟之苦行〕——坐禪本身就是超越無明煩惱的安樂法門，究極真理的修行與實證。絕對平等的真實境地本自現成而具足，不會受到是非、善惡等相對價值判斷的羈絆與束縛。

9「兀兀」，聳立或端坐之姿。

10《景德傳燈錄》卷十四——藥山惟儼禪師坐次，僧問：「兀兀地思量甚麼？」師曰：「思量個不思量底。」曰：「不思量底如何思量？」師曰：「非思量。」

11「公按」同「公案」，本意為公府的案牘，後被用在禪修領域，特指祖師的一段言行，拿來作為接引修行人的禪機；「現成」指我們眼前的現實世界，佛法的究竟真理本即完整具足含藏其中。

若得此意，如龍得水，似虎靠山，當知正法自現前，昏散先撲落。

若從坐起，徐徐動身，安祥而起，不應卒暴。

嘗觀超凡越聖[12]、坐脫立亡[13]，一任此力矣。

況復拈指、竿、針、鎚[14]之轉機，舉拂、拳、棒、喝[15]之證契，

未是思量分別之所能解也，豈為神通修證之所能知也？

　　如果能把握這些要領與精髓，我們將如龍得水、似虎靠山，清楚了知萬事萬物、包括所有生命的本質與全貌，昏瞶、散漫都消失無蹤。

　　當坐禪告一段落，即緩慢移動身體四肢，安詳起座，動作不可焦躁急促。

　　我們回顧過去很多超越凡夫、賢聖與迷、悟等相對區別之境的祖師大德，他們以禪坐之姿、或站著當下即解脫示寂，無非都是依賴此坐禪的工夫。

---

12 地獄、餓鬼、畜生、修羅、人類、天神等「六凡」乃有為之果報，聲聞、緣覺、菩薩、佛等「四聖」乃無為之果報，合稱「十界」，凡、聖指迷與悟的世界。

13 「坐脫」指禪宗初祖達摩、四祖道信、五祖弘忍、六祖慧能端坐示寂，「立亡」指三祖僧璨立於大樹下合掌而逝。

14 「指」或指俱胝和尚一指禪典故；「竿」或指摩訶迦葉與阿難之間嗣法因緣「倒卻門前剎竿著」典故；「針」或指迦那提婆投針於水碗求為龍樹弟子傳說；「鎚」即槌砧，《碧巖錄》第九十二則、《從容錄》第一則：一日世尊陞座，文殊擊槌曰：「諦觀法王法，法王法如是」，世尊便下座。

15 「拂」指石頭希遷初參青原行思，青原問「汝什麼處來」，石頭答「曹谿」，青原即舉拂塵曰「曹谿還有這箇麼」以接化之；「拳」或指黃檗希運捏拳曰「天下老和尚總在這裡」示眾典故；「棒」指德山棒，「喝」即臨濟四喝。

可為聲色之外威儀，那非知見前軌則者歟！
然則不論上智、下愚，莫簡利人、鈍者，專一功夫，
正是辨道：修證自不染汙[16]，趣向更是平常者也[17]。

更不要說得道禪師臨機應變以各種手段接引學人，如豎指、倒竿、投針、擊鎚，或是舉拂塵、握拳頭甚至棒打、叱喝，希望能契入真如實相，既非凡夫透過思考、判斷所能了解的真理，又豈能以神通之力或〔字面上〕所謂修行、證悟等所能得知？這都是身上本具的威儀，超越耳聞之聲、雙眼所見的相對世界，無一不是在未有理智知覺、相對分別之前的不變法則啊！

話說在佛道修行的世界，關鍵不在理解力的高低，也不用去區分頭腦的好壞，只要全力以赴、只管打坐，這麼做本身即是佛道修行的一切：意識上沒有多餘的執念，既不以修行為手段，也不以證悟為目的；它本來就是追尋真理與智慧者應當有的心態，一點也不特別。

---

16 《景德傳燈錄》卷二十八大寂道一示眾語：「道不用修，但莫污染。何為污染？但有生死心，造作趣向皆是污染。若欲直會其道，平常心是道。……只如今行住坐臥、應機接物盡是道。」
17 《景德傳燈錄》卷十：趙州從諗問南泉普願「如何是道」，南泉答「平常心是道」，趙州又說「還可趣向否」，南泉曰「擬向即乖」。

凡夫自界他方、西天東地，等持佛印，一擅宗風，唯務打坐，被礙兀地[18]。雖謂萬別千差，祇管參禪辦道。

何拋卻自家之坐牀[19]，謾[20]去來他國之塵境？若錯一步，當面蹉過。既得人身之機要，莫虛度光陰。保任佛道之要機，誰浪樂石火？

加以形質如草露，運命似電光，倏忽便空，須臾即失。冀其參學高流，

　　不管是這個世界或其他地方、西天印度或東土中國，同樣都保有諸佛身、口、意之心印，因此服膺坐禪宗風的行者，最重要的是打坐修行不懈，即使遭遇任何阻礙，仍然不改專心一意的坐禪。每個人的根器固然千差萬別，但專心致志只管打坐都是一樣的。

　　那麼為何要拋卻坐禪的本分，遠離真實的自己，徒然攀援那些虛妄苦惱的幻境呢？只要踏錯一步，當即錯失最要緊的正途。人身難得，既然知道坐禪的重要，就不要虛度光陰。我們既然都身負傳承諸佛慧命的使命，誰還貪圖有如擊石而現的火花般短暫的法喜禪悅？

　　不僅如此，我們的肉身就像草上之露般脆弱，生命宛如閃電般短暫，瞬間消失，轉眼成空。但願懷抱決心大志參禪的行者，切莫如許多人那樣〔以自己的知識、觀念去理解佛

18 「兀地」，不動如山的坐禪姿勢。
19 《碧巖錄》第一則：五祖法演嘗說「只這廓然無聖，若人透得，歸家穩坐」。
20 「謾」通「漫」，徒然。

久習摸象，勿怪真龍。

精進直指端的之道，尊貴絕學無為之人；合沓佛佛之菩提，嫡嗣祖祖之三昧。

久為恁麼，須是恁麼。寶藏自開，受用如意。　　　　　　　■

法，或是將文字、經典視為佛法的全部般〕盲人摸象，〔對只管打坐的妙用帶著疑念，〕只知道圖畫、雕刻中的龍，一看到真龍反而嚇呆了。

我們要堅信森羅萬象、行住坐臥都是佛法究竟真理的示現，且帶著此自覺專心辦道，並敬重那些證悟真心實相卻又不執著的人；讓我們與祖師大德所親證的智慧合一，承先啟後，宣揚佛法正傳的坐禪之道。

只要長時間地掌握「只管打坐」的真諦，那麼我們將可以〔超越文字、知識、邏輯、理性思辨〕真正認識不落言詮的世界本身。佛法的真理與智慧都是我們自家的寶藏，何妨自由自在地活在我們本自具足的真實之中吧。　　　　　■

坐禪儀

宋‧長蘆宗賾（《禪苑清規》卷八）

夫學般若菩薩，先當起大悲心，發弘誓願，精修三昧，誓度眾生，不為一身獨求解脫爾。

乃放捨諸像，休息萬事，身心一如，動靜無間。量其飲食不多不少，調其睡眠不節不恣。

欲坐禪時，於閑靜處厚敷坐物；寬繫衣帶，令威儀齊整。然後結跏趺坐：

先以右足安左腿上，左足安右腿上；或半跏趺坐亦可，但以左足壓右足而已。次以右手安左足上，左掌安右掌上，以兩手大拇指面相拄。

徐徐舉身前欠，復左右搖振，乃正身端坐，不得左傾右側前躬後仰。令腰脊頭項骨節相拄狀

如浮屠，又不得聳身太過，令人氣急不安。

要令耳與肩對，鼻與臍對；舌拄上腭，唇齒相著。

目須微開，免致昏睡，若得禪定，其力最勝。古有習定高僧坐常開目，向法雲圓通禪師亦訶人閉目坐禪，以謂「黑山鬼窟」。蓋有深旨，達者知焉。

身相既定，氣息既調，然後寬放臍腹。一切善惡都莫思量，念起即覺，覺之即失；久久忘緣，自成一片。此坐禪之要術也。

竊謂坐禪乃安樂法門，而人多致疾者，蓋不善用心故也。若善得此意，則自然四大輕安，精神爽利，正念分明，法味資神，寂然清樂。

若已有發明者，可謂如龍得水，似虎犇山；若未有發明者，亦乃因風吹火用力不多，但辦肯心必不相賺。

然而道高魔盛，逆順萬端。但能正念現前，一切不

能留礙。如《楞嚴經》、天台《止觀》、圭峰《修證儀》具明魔事，預備不虞者不可不知也。

若欲出定，徐徐動身安詳而起，不得卒暴。出定之後一切時中常作方便護持定力，如護嬰兒，即定力易成矣。

夫禪定一門最為急務，若不安禪靜慮，到這裏總須茫然。所以探珠宜靜浪，動水取應難，定水澄清心珠自現。故《圓覺經》云：「無礙清淨慧，皆依禪定生。」《法華經》云：「在於閑處，修攝其心，安住不動，如須彌山。」

是知超凡越聖必假靜緣，坐脫立亡須憑定力。一生取辦，尚恐蹉跎，況乃遷延，將何敵業？

故古人云：「無若無定力，甘伏死門，掩目空歸，宛然流浪。」幸諸禪友三復斯文，自利利他同成正覺。■

附錄二

坐禪箴

宋・宏智正覺 《大正藏》卷四十八〈宏智禪師廣錄〉）

佛佛要機，祖祖機要。

不觸事而知，不對緣而照。

不觸事而知，其知自微；

不對緣而照，其照自妙。

其知自微，曾無分別之思；

其照自妙，曾無毫忽之兆。

曾無分別之思，其知無偶而奇；

曾無毫忽之兆，其照無取而了。

水清徹底兮，魚行遲遲；

空闊莫涯兮，鳥飛杳杳。

坐禪箴
道元（《正法眼藏》卷十二）

佛佛要機，祖祖機要。

不思量而現，不回互而成。

不思量而現，其現自親；

不回互而成，其成自證。

其現自親，曾無染污；

其成自證，曾無正偏。

曾無染污之親，其親無委而脫落；

曾無正偏之證，其證無圖而功夫。

水清徹地兮，魚行似魚；

空闊透天兮，鳥飛如鳥。

典座教訓

「典座」是佛教道場裡一個職務的名稱

類似大廚但又不僅止於此

道元為莊嚴道場特別親撰六篇文章

詳細規範寺院生活運作的戒律儀節

合稱「永平大清規」

其中第一篇就是《典座教訓》

文中可見道元對典座一職十分敬重

並一再強調日常作務與修行合一的微妙奧義

導讀

　　道元 1236 年建立擁有日本最早正規僧堂的興聖寺，首次上堂說法，並於除夜任命懷奘為首座，翌年開春即撰《典座教訓》。

　　「典座」是禪宗修行道場中負責營辦僧眾齋、粥、茶、湯等餐飲相關的役職，以現代用語來說，類似大廚，但又不僅止於此。

　　《典座教訓》是禪宗史上極為珍貴的文獻，因為它除了詳細說明禪門中典座一職的工作內容與修行運心的契合，同時也精彩呈現了作者道元禪師個人對佛法、尤其是禪修的見解。

　　《典座教訓》乃應僧堂作息需要所撰，與《赴粥飯法》、《辦道法》、《眾寮清規》、《對大己法》、《知事清規》合稱「永平元禪師清規」（或作「永平大清規」），近八百年來日本曹洞宗寺院奉行不渝。

　　《典座教訓》作為六篇清規的第一篇，開宗明義揭櫫禪院生活及僧眾教育的大方向，所謂「威儀即佛法，作法是宗旨」的神髓；道元禪師於文末識語自稱「傳法沙門」，正顯

示他對發揚正傳佛法的信念與抱負。

永平寺每日菜單

近八百年來永平寺修行僧的飲食內容是什麼呢？

基本的食材都差不多，菜單的變化則仰賴典座和尚的用心與巧思，也就是道元引《禪苑清規》所說的「須運道心，隨時改變，令大眾受用安樂」。

早餐又稱粥座，一般吃的是玄米粥（玄米即糙米），配一小碟胡麻鹽以及一盤醬菜（多半是醃蘿蔔）；初一、十五改吃白米粥，胡麻鹽、醬菜之外再加一碟，裡面配兩樣小菜，可能是梅乾、鹽漬昆布或熬煮的海苔、山蕗，但份量極少。隨著季節變化也會提供各種當季食材熬煮的粥：七草粥、芋粥、糯餅粥、豌豆粥、甜玉米粥等。胡麻鹽和醃蘿蔔是一年三百六十五天幾乎餐餐都要吃的基本款。胡麻鹽是先將黑芝麻炒熱，之後加上鹽巴在擂鉢中研磨而成；每天吃的胡麻鹽都是當天早上才製作的。與此相反，醃蘿蔔則是每年秋末冬

初將一年份的量一次醃漬起來，使用的蘿蔔近八千根。

午飯又名齋座，主食是米、麥以六對四比例混合而成的麥飯；偶爾會提供梅飯、昆布飯、銀杏飯、什錦炊飯、野菌飯、醃紫蘇飯等。主食之外，則有味噌湯、醬菜，加上一碟別菜。味噌湯一般使用三種食材，如蕪菁（大頭菜）、包心菜、馬鈴薯、芋頭、野菌、菠菜、豆腐、麵筋等。別菜則是以醋、味噌攪拌或熱炒之類，菜色諸如白味噌拌野菜蒟蒻、豌豆拌白芝麻、菜豆拌黑芝麻、納豆與金針菇拌蘿蔔泥、生薑醬油漬菠菜豆腐或蘿蔔絲與烤豆皮加茼蒿拌麻油等等。

晚上的藥石，內容是米飯、味噌湯、醬菜，以及別菜兩小碟。其中米飯和醬菜與中午的行鉢大致相同，味噌湯則盡量避免一天之中有重複的口味。

父母般的發心與願力

禪堂一整天的餐食，從確認菜單、備辦食材、淘洗、烹煮到炊具的清潔，已經夠典座和尚忙碌了，還得隨僧眾參加

每日的朝暮請參，如果沒有堅強的發心與願力，像父母守護子女般無私奉獻，肯定無法達成要求，也做不久長，於人於己都沒有什麼好處，所謂「若無道心者，徒勞辛苦，畢竟無益也」。

　　道元作《典座教訓》以長蘆宗賾《禪苑清規》卷三〈典座〉條為本，不過宗賾原文總共才三百字，極為節略，道元做了大量的鋪陳與細緻的解說，想必在中國禪院中典座之職存在已久，師徒相續、耳濡目染，不需多做說明，而日本卻是聞所未聞，必須從基本作法到核心精神都盡可能闡述周延，才能既暖了僧眾的胃，又顧得辦道的心。■

典座教訓

觀音導利興聖寶林禪寺比丘道元撰

佛家從本有六知事，共為佛子，同作佛事。就中典座一職，是掌眾僧之辦[1]食。《禪苑清規》[2]云：「供養眾僧，故有典座。」從古道心之師僧、發心之高士充來之職也。蓋猶一色之辦道，若無道心者，徒勞辛苦，畢竟無益也。

典座的職務與心態

　　禪宗的修行道場中，自古以來就設有六種「知事」的職位，大家同樣都是佛陀的弟子，一起做度化眾生的事業。其中「典座」一職，乃是負責置辦僧眾的飲食。《禪苑清規》說道：「為了供養眾僧，於是設有典座之職。」自古以來，典座都是由那些具有道心、堪為人師或主動發心、德行高潔的的僧眾來承擔此項職務。擔任典座〔必須心無雜念地調理食物以供養僧眾〕[3]猶如修行辦道，如果由無道心者充任此職，只會倍覺辛苦，最終徒勞無益。

---

1 原文作「弁」，通「辦」、「辨」，本書統一作「辦」。
2 《禪苑清規》為宋代淨土宗與雲門宗高僧慈覺宗賾（「賾」音「則」）收集整理散佚的《百丈清規》及其它文獻而成，內容包括禪僧日常生活的清規戒律、禪寺僧職的安排與職責、佛事活動的儀節等；「供養眾僧，故有典座」出自卷八〈龜鏡文〉節。
3 原文所無但為讓白話譯文更清楚完整而演繹的文字，前後以中括弧標註之，下同。

《禪苑清規》云：「須運道心，隨時改變，令大眾受用安樂。」昔日潙山[4]、洞山[5]等勤之，其餘諸大祖師曾經來也。所以不同世俗食廚子及饌夫等者歟。山僧在宋之時，暇日諮問於前資、勤舊[6]等，彼等聊舉見聞，以為山僧說。此說似者，古來有道之佛祖所遺之骨髓也。大抵須熟見《禪苑清規》，然後須聞勤舊子細之說。

　　《禪苑清規》又說：「必須懷著道心，隨時節而改變，令僧眾受用飲食後，身心都能感到滿足與歡喜。」過去潙山靈祐、洞山守初等禪師都擔任過此一職位，其他很多開宗的祖師也都曾經有過典座經驗。所以典座並非一般世俗所謂的廚師或廚房助手。

　　我在大宋國求法時，得空便到處請教有過典座經驗或擔任過其他知事等職務的前輩，請他們跟我說一些關於典座工作的所見所聞。他們所說的內容，都是成道的佛陀與歷代祖師留下來的教法精要。如果想對典座的職務做進一步的了解，除了要認真研讀《禪苑清規》，同時也要多聽聽這些有親身體驗的前輩詳細解說。

---

4 潙山靈祐（771-853），百丈懷海禪師上首弟子，在百丈修行道場擔任典座，為仰宗開宗祖師，著有《潭州潙山靈祐禪師語錄》、《潙山警策》。
5 洞山守初（910-990），雲門宗開宗祖師文偃禪師的嗣法弟子，曾在雲門道場擔任典座。
6「前資」指曾三次擔任副寺以下之職者，「勤舊」指曾擔任知事、侍者等職務者。

所謂當職經一日夜，先齋時罷，就都寺、監寺等邊，打翌日齋粥[7]之物料，所謂米、菜等也。打得了，護惜之如眼睛。保寧勇禪師[8]曰：「護惜眼睛常住物[9]。」敬重之如御饌草料，生物、熟物俱存此意。次諸知事，在庫堂商量明日吃甚味、吃甚菜、設甚粥等。《禪苑清規》云：「如打物料並齋粥味數，並預先與庫司、知事商量。」所

珍惜物料，事事親力親為

說到典座職務從早到晚的工作內容，首先在午齋之後，即前往都寺或監寺辦公的庫房，請領第二天早粥與午齋的食材，包括米與蔬菜等。取得食材後，必須愛顧它們如護惜自己眼睛。保寧仁勇禪師說：「要如護惜眼睛般，精心守護寺院所有的物品。」敬重這一切猶如給天子吃的御膳般，不管對生鮮食材或煮熟的食物，都要存著同樣敬惜之心。

接著所有知事齊集庫房，討論明天吃什麼味道的菜、準備哪幾道料理、煮什麼樣的粥。《禪苑清規》上說：「關於食材以及飯菜的口味、數量，都要預先與都寺和各知事商

---

7 古代印度佛教僧團規定每天以午前一食為度（亦即過午不食），故禪宗寺院稱中午這一餐（中食）為正式齋飯，簡稱「齋」或「齋座」；早餐（小食）吃粥，或稱「粥座」。
8 金陵（今南京）保寧寺仁勇禪師為臨濟宗楊岐方會禪師嗣法弟子，有《保寧仁勇禪師語錄》傳世。
9「常住」有佛、法、僧三寶經常住持之意，泛指供養三寶之處，即寺院；「常住物」指寺院所有的一切物品。

謂知事者，有都寺、監寺、副司、維那、典座、直歲[10]也。味數議定了，書呈方丈、眾寮等嚴淨牌，然後設辦明朝粥。

淘米、調菜等，自手親見，精勤誠心而作，不可一念疏怠緩慢，一事管看，一事不管看。功德海中，一滴也莫讓；善根山上，一塵亦可積歟。《禪苑清規》云：「六味不精，三德不給[11]，非典座所以

量。」所謂知事，包括都寺、監寺、副司、維那、典座、直歲等職。待菜色、數量都決定好了之後，即清楚完整地寫下來，分別貼到〔住持所居的〕方丈、〔僧眾所居的〕眾寮外面公佈欄上，然後才開始準備第二天的早粥。

淘洗白米、調理菜餚，典座都要親力親為，一心一意將每個步驟都做到位，即使是一瞬的分心疏忽也不可以；不要只顧埋頭做一件事，卻忽略了其它該注意的事。廣大無邊的功德之海，都是一滴滴水累積而成，不要輕易假手他人；高聳的善根之山，都是一粒粒微塵集合而成，必須由自己來堆疊。《禪苑清規》上說：「如果沒有調理好苦、酸、甜、辣、鹹、淡等六種味道，沒能達到軟硬適度、新鮮潔淨、如法而

10 六知事分別掌理寺院各式日常事務：都寺綜理寺務，為知事之首，又稱都監寺、庫司；監寺負責協助方丈監理寺務，即當家師，又稱監院；副司掌理會計出納，又稱庫頭或知庫；維那掌僧眾威儀進退、唱誦梵唄；典座負責僧眾飲食；直歲主理營繕及各種作務。
11 「三德」、「六味」說法出自南本《大般涅槃經》卷一「諸優婆塞為佛及僧辦諸食具……其食甘美，有六種味：一苦、二醋、三甘、四辛、五鹹、六淡；復有三德：一者輕軟，二者淨潔，三者如法」。

奉眾也。」先看米便看砂，先看砂便看米，審細看來看去，不可放心，自然三德圓滿，六味俱備。

作等三種標準，典座即無法好好地供養僧眾〔，讓他們專心修行辦道〕。」淘米的時候，首先仔細檢查米中有無沙粒，然後在準備丟棄的沙粒中再確認是否還夾雜有白米，務必仔細一遍遍檢視，不可掉以輕心，如此一來，自然而然可以三德圓滿、六味俱備。

●羽釜（煮飯菜的鍋鼎）

雪峰[12]在洞山[13]作典座，一日，淘米次，洞山問：「淘砂去米？淘米去砂？」峰云：「砂米一時去。」洞山云：「大眾吃個什麼？」峰覆卻盆。山云：「子他後別見人去在。」上古有道之高士，自手精至，修之如此，後來晚進，可怠慢之歟？先來云：「典座以絆[14]為道心

如
佛
一
樣
生
活

淘米如辦道

　　雪峰義存在洞山良价座下修習時擔任典座一職，有天正在洗米準備煮飯，洞山問他：「你是挑出沙子然後將白米丟掉，或是挑出白米而除去沙子？」雪峰答道：「管它沙子、白米全都不要。」洞山再問：「那僧眾還吃什麼？」雪峰一聽即將洗米的盆子整個翻覆過去。洞山說：「看來你以後還會找別的師父參禪去。」過去修行成就且德性高潔的禪師，都是這樣一方面遂行典座的職務，一方面不忘用心禪修，我們作為後進晚輩，還敢怠慢鬆懈嗎？過去曾有一位大德這麼說：

---

12 雪峰義存（822-908）為德山宣鑑弟子，遍參禪席、綿密修行，有著名的「三到投子、九上洞山」典故，投子指投子山、洞山指洞山寺，三九指反覆多次，形容為求教不辭艱辛。他培育了玄沙師備、雲門文偃等弟子，有《雪峰真覺禪師語錄》傳世。
13 洞山良价（807-869）為雲巖曇晟弟子，曹洞宗開宗祖師，嗣法弟子有曹山本寂、雲居道膺。
14 「絆」或即「襷」（tasuki），日本人穿傳統服飾勞動時，用以挽繫和服長袖、讓雙手可以自由活動、方便工作的細帶。

矣。」

如有米砂誤淘去，自手檢點。《清規》云：「造食之時，須親自照顧，自然精潔。」取其淘米白水，亦不虛棄。古來置漉白水囊，辦粥米水。納鍋了，留心護持，莫使老鼠等觸誤，並諸色閒人見觸。

「所謂典座，就是挽起袖子，帶著求道之心將眼下的工作全力做好。」

　　是否不小心將白米當沙子丟掉，或將沙子誤作白米沒有挑出，都必須親自再確認一遍。《禪苑清規》上說：「準備食材、烹煮食物的過程，如果典座都能審視每個細節，飯菜自然有好味道而且非常乾淨。」淘洗過白米的水不要輕易倒掉，自古以來都會用布囊濾過，即使一粒白米也不要浪費；洗米水拿來炊飯或熬粥時用。當洗好的白米放入飯鍋以後，也要用心看顧，不要讓老鼠等接近，也不要讓閒雜人等探看或觸摸。

調粥時菜次，打併今日齋時所用飯羹等，盤桶並什物調度，精誠淨潔洗灌。彼此可安高處，安於高處，可安低處，安於低處；高處高平，低處低平。筴杓等類，一切物色，一等打併，真心鑑物，輕手取放。然後理會明日齋料。先擇米裏有蟲，綠豆、糠塵、砂石等，精誠擇了。擇米、擇菜等時，行者諷經迴向竈公[15]。次擇菜羹，物料調辦。

兩餐之間的工作要領

　　一邊備辦翌日早粥的食材，一邊同時打理今天午齋吃剩的飯菜，並精心刷洗用過的盤碟、飯鍋、湯桶等。洗好的廚具和食器，該放高處的放高處，宜置低處的置低處；不管置放何處，都要依高低排列整齊。各式菜筴、湯杓等器具也要一起整理，用心清洗，輕取慢放。

　　廚房善後工作告一段落後，接著開始準備隔日午齋的食材。首先將米蟲挑出來，其次仔細撿除米中摻雜的綠豆、秕糠、沙粒等。在揀擇米、菜的時候，由〔配屬典座的〕行者在一旁誦經迴向灶君。將白米挑乾淨之後，接著開始準備配菜、羹湯所需材料。向庫司請領來的各式食材物料，不管數量多寡、品質好壞，都一樣要用心處理，不可以因為數量不

---

15 日本曹洞宗禪院於早朝諷經之後，念誦《大悲咒》迴向竈火的守護神竈公神宰（灶君），稱為「竈公諷經」。

隨庫司所打得物料，不論多少，不管粗細，唯是精誠辦備而已，切忌作色口說料物多少。竟日通夜，物來在心，心歸在物，一等與他精勤辦道。

三更[16]以前，管明曉事；三更以來，管做粥事。當日粥了，洗鍋、蒸飯、調羹。如浸齋米，典座莫離水架邊，明眼親見，不費一粒。

夠或品質不佳而有不悅之色，或出口抱怨。作為典座，必須時時刻刻將這些食材物料放在心上，念頭須臾不離，在遂行職責的同時精進勤行，成辦道業。

子夜之前，備辦明早所需各項物品；子夜之後，則開始處理早粥相關事宜。僧眾用過早粥之後，依次洗鍋、炊飯、烹調菜餚與羹湯。以水浸泡齋米時，典座不可離開水槽邊，須專心監督每個過程，即使一粒米也不要浪費。依照正確方法洗米、裝鍋、燒柴、炊飯。古人有云：「炊飯時，必須視鍋子如自己的身體；淘米時，看待水如看待自己的生命。」

飯炊煮好後，〔夏天〕置於竹編飯籮或〔冬天〕裝進木桶中，安放在飯台上。在炊飯的同時，則要一邊備菜、煮湯。典座必須親自坐鎮廚房，監督所配屬的助手、僱傭的工人或

---

16 古代夜分五更，每更約兩個時辰，晚上七點到九點為初更；三更約當半夜十一點到凌晨一點，即子時，又名子夜、中夜、夜半。

如法洮汰，納鍋燒火蒸飯。古云：「蒸飯，鍋頭為自頭；淘米，知水是身命。」

蒸了飯便收飯籠裏，乃收飯桶，安檯槃上。調辦菜羹等，應當蒸飯時節。典座親見飯羹調辦處在，或使行者、或使奴子、或使火客，教調什物。近來大寺院有飯頭、羹頭，然而是典座所使也；古時無飯、羹頭等，典座一管。

負責燒火的人，讓他們各司其職。近年來大寺院配有〔專責炊飯的〕飯頭、〔負責備菜、煮湯的〕羹頭等助理人員，歸典座指揮；過去寺院並無所謂飯頭、羹頭，大小事務都由典座一人承擔。

●銅壺（燒水壺）

凡調辦物色，莫以凡眼觀，莫以凡情念。拈一莖草建寶王剎，入一微塵轉大法輪[17]。

所謂縱作蒲菜羹[18]之時，不可生嫌厭輕忽之心；縱作頭乳羹[19]之時，不可生喜躍歡悅之心。既無耽著，何有惡意？然則雖向粗全無怠慢，雖逢細彌有精進，切莫逐物而變心，順人而改詞，是非道人也。勵

講究細節，隨時反觀自心

在備辦、處理各色食材時，不要以凡俗的心眼去看待，也不可帶著凡俗的心念去想像。〔就像佛經中所揭示的：〕拈一莖草能建立清淨莊嚴的諸佛剎土，入一微塵能轉大法輪，演說究竟妙法。

古人有言：縱使烹煮的是野草般尋常可見的蒲菜羹，也不可以生嫌惡輕賤之心；而料理以牛奶精製的珍貴頭乳羹時，也不要起歡喜雀躍之情。既然沒有執念，如何會有好惡分別？面對粗糙、平常的食材不可怠慢，遇逢精細難得的食材一樣精心料理，萬不可分別看待不同的食材，起好惡之心，就像

---

17 《首楞嚴經》卷四有「於一毛端現寶王剎，坐微塵裏轉大法輪」說法；又曹洞宗要典《從容錄》第一卷第四則「世尊指地」有「世尊與眾行次，以手指地云：此處宜建梵剎，帝釋將一莖草插於地上云：建梵剎已竟，世尊微笑」典故。

18 「蒲」音「僕」，蒲菜或即水生植物蒲菜，為香蒲科多年生植物香蒲的假莖；「蒲菜羹」指尋常菜餚。

19 頭乳即牛奶，「頭乳羹」指精緻的奶製品。

志至心，庶幾淨潔勝於古人，審細超於先老。

其運心道用為體者，古先縱得三錢而作菁菜羹，今吾同得三錢而作頭乳羹。此事難為也。所以者何？今古殊異，天地懸隔，豈得齊肩者哉？然而審細辦肯之時，下視古先之理，定有之也。

面對不同的人而改變說話的語氣一樣，都不是有道的修行人應有的行為。一定要嚴格要求自己，對一切事務盡心盡力，唯願成為一個讓食物乾淨、器物清潔勝於古人、對細節的講究超過前輩的典座。

　　將心念用於成就道業，並以此作為根本的人，應懷抱這樣的信念：假設古代先德以三文錢做出蒲菜羹，而今我們以同樣的三文錢，一定要烹煮出〔珍貴的〕頭乳羹來。這是非常不容易的事，因為古人與我們〔的根器〕良莠懸殊，差異之大猶如天與地，哪能輕易趕上？儘管如此，身為典座，若在烹煮食物的過程都能專注於每一道細節，必將獲得一些超越古人的體會。

此理必然，猶未明了，卒由思議紛飛兮如其野馬，情念奔馳兮同於林猿也。若使彼猿馬[20]一旦退步返照，自然打成一片。是乃被物之所轉，能轉其物之手段也。

不過內心雖然認定這些體會是正確的，〔卻因受到外界事物影響〕不是那麼通達明了，導致思慮紛飛如奔馳野馬，雜念妄想前後追逐如林中猿猴。如果能夠收斂如野馬與林猿般的意念，轉向內心深處反觀自省，則原本充滿自、他分別的念頭將會消失，並以平等心看待一切。如此一來即使外界事物的作用仍在，卻可以轉外物而為道用。

20「野馬」、「猿馬」永平寺原本作「野鳥」、「猿鳥」，唯自古皆有「心猿意馬」用例，今依其它抄本改。

如此調和淨潔，勿失一眼、兩眼。拈一莖菜作丈六身，請丈六身作一莖菜[21]，神通及變化，佛事及利生者也。

已調調了，已辦辦得，看那邊、安這邊，鳴鼓鳴鐘，隨眾隨參，朝暮請參[22]，一無虧闕。

卻來這裡，直須閉目，諦觀堂裡幾員單位，前資、勤舊、獨寮等幾

確認人數，掌握份量

要這樣適當調配食材物料，齋、粥務求潔淨，細心謹慎，一眼都不能少看。將手上的一把青菜視之為一丈六尺的佛身，或將一丈六尺的佛身化作一把青菜，如此神通變化，都可以拿來用作佛道教化的事業，利益眾生。

飯菜調理好，即開始到各處進行檢點，並準備其它所需器物，一一安放就緒後，當聽到擊鼓的信號或是敲鐘的聲音，典座都要和其他僧眾一樣，一起參加住持的開示說法集會，不管早參、晚參都不可缺席。

典座〔隨其他僧眾一起早參、晚參結束〕回到典座寮後，應即刻閉上眼睛，仔細回想法堂裡面有多少座席，曾三次擔

---

21 趙州從諗禪師上堂云：「老僧把一枝草為丈六金身用，把丈六金身為一枝草用。」（《趙州和尚語錄》）

22 中國禪林用語為「朝參暮請」，指禪寺住持於早、晚齋粥之後集僧眾開示說法，即朝暮小參，只擊鼓而不敲鐘。

僧，延壽、安老、寮暇等僧有幾個人，旦過[23]幾板[24]雲水，庵裏多少皮袋[25]。如此參來參去，如有纖毫疑猜，問他堂司及諸寮頭首、寮主、寮首座[26]等。

銷來疑便商量，吃一粒米[27]，添一粒米，分得一粒米，卻得兩個半粒米。三分、四分、一半、兩半。添他兩個半粒米，便成一個一粒米。

任副寺以下之職而退休者有幾位，曾擔任知事、侍者等職務而退休者幾位，曾擔任知事退職後住獨房者幾位，因病而住在〔醫護寮房〕延壽堂的有幾位，住在〔老僧休養寮房〕安樂堂的有幾位，告假不在寺院的僧眾有幾位，住在旦過寮的雲水僧有幾位，其他小庵住了多少人等等，都要弄得一清二楚。如此一遍遍回想，若稍有不確定，馬上找〔督導僧堂的〕維那、〔管理各寮房衣鉢和什物的〕頭首或〔督導僧侶修行生活的〕寮主、寮首座等問個清楚。

　　當這些問題都釋疑之後，即開始進一步估算該準備的主食分量：〔依照僧眾不同的需要，〕若是要準備一人份的食物，就要多加一人份的米；如果將一人份的食物減半，則會成為

---

23 「旦過」即旦過寮，是提供給臨時來掛單、次日即離去的行腳僧過夜的房間。
24 「板」是計算修行僧數目的量詞。
25 「皮袋」即俗稱的臭皮囊，「人」的通用貶稱、代名詞。
26 六知事底下設有六頭首——首座、書記、知藏、知客、知浴、知殿，分別負責督導修行生活各項雜務；寮主為各寮房監督者。
27 「一粒米」此處也可以理解為「一人份的米」。

又添九分，剩見幾分；今收九分，見他幾分。

兩人份的米。一人份的食物也可以分成三等份、四等份；半份米可以作為一個單位，也可以作為兩個單位——增加兩個半人份的米，也就等於多原來一人份的量。如果每位僧眾食物份量增加九分之一，剩餘的米有多少？反過來若減少九分之一，整體的供應情況又是如何？〔一切都要加以仔細精算。〕

吃得一粒盧陵米[28]，便見溈山僧；添得一粒盧陵米，又見水牯牛[29]。水牯牛吃溈山僧，溈山僧牧水牯牛。吾量得也未，你算得也未，檢來點來，分明分曉，臨機便說，對人即道。且恁功夫。一如、二如，二日、三日，未可暫忘也。

施主入院捨財設齋，亦當諸知事一等商量，是叢林舊例也。回物俵

備辦齋粥同時參禪辦道

　　吃一粒美味的盧陵米，當下就會感受到〔作為典座和尚代表的〕溈山靈祐的德行與道心；典座和尚盡心供養一粒盧陵米，也會看到僧眾如水牯牛般精勤辦道。僧眾吃了典座的精心備辦的齋粥，典座則是以齋粥守護著僧眾。〔所有相關知事都要想：〕我有沒有掌握好人數與食材的分量？有沒有正確計算出各種需求的增減？大家一再點檢確認，一定要弄得清清楚楚，視情況隨時給出必要的指示，將訊息傳達給相關的執事人員。像這些基本的工夫，每件事都要如法處理，務求圓滿，沒有一天可以鬆懈暫忘。

---

28 盧陵米為江西吉州盧陵縣所產的優質米，《景德傳燈錄》卷五〈青原行思〉章有「僧問：如何是佛法大意？師曰：盧陵米，作麼價？」
29 「水牯牛」典出溈山靈祐禪師示眾語：「老僧百年後，向山下作一頭水牯牛，左脅下書五字云『溈山僧某甲』，當恁麼時，喚作溈山僧，又是水牯牛，喚作水牯牛，又是溈山僧，畢竟喚作甚麼即得？」（《潭州溈山靈祐禪師語錄》）

散[30]，同共商量，不得侵權亂職也。

齋、粥如法辦了，安置案上，典座搭袈裟、展坐具，先望僧堂，焚香九拜，拜了乃發食也。

經一日夜，調辦齋粥，無虛度光陰。有實排備，舉動施為，自成聖胎長養之業；退步翻身，便是大眾安樂之道也。

　　如果有施主來寺院發心設齋供養僧眾，典座同樣要和各知事一起商量，這是禪宗道場的慣例；施主在佛前供養的物品若要分發給僧眾，也是要取得所有知事的同意，不可擅作主張，侵犯職權。

　　午齋或早粥依照正確的程序烹煮好，全部安置在庫院前方飯台上後，典座和尚即穿上袈裟、敷展坐具，面朝僧堂方向焚香行九拜之禮；禮拜之後才開始將飯菜搬運到僧堂。

　　典座從早到晚一心一意調理粥、飯、菜、湯供養全寺僧眾，一點時間都沒有浪費。只要專注而踏實地做好每一件事，則所有的行持即是在培育佛道之種子；若能時時退一步自我反省、不斷精進，即是讓僧眾皆能安心辦道的要訣。

　　當今在我們日本國，雖聽聞佛法之名已久，然而關於如何「以正確要領備辦僧食」的說法，過去的人並沒有留下什

---

30 「回物」指施主作為迴向料捐獻寺院或僧侶的實物或金錢；「俵散」為分配之意。《禪苑清規》卷三「典座」條提及「火燭依時，俵散同利，務要均平」。

而今我日本國，佛法名字聞來已久，然而「僧食如法作」之言，先人不記，先德不教，況乎「僧食九拜」之禮，未夢見在。國人謂，僧食之事，僧家作食法之事，宛如禽獸。食法實可生憐，實可生悲，如何何若？

麼記錄，前輩們也沒有教導傳習，在這種情況下，如果奢望出家人都能懂得諸如「僧食九拜」之類規矩，簡直癡人說夢。

　　在一般國人心中，認為僧侶吃粥用齋，或是寺院中料理食物，目的不過跟禽鳥、野獸一樣〔只為果腹〕。想到僧眾不懂得如法飲食〔及其背後深奧的道理〕，既令人心生憐憫，又覺得悲傷難抑，為什麼會這樣呢？

山僧在天童時，本府用典座[31]充職。予因齋罷過東廊，赴超然齋之路次，典座在佛殿前曬苔[32]，手攜竹杖，頭無片笠，天日熱，地磚熱，汗流徘徊，勵力曬苔，稍見苦辛；背骨如弓，龍眉似鶴。山僧近前，便問典座法壽，座云：「六十八歲。」山僧云：「如何不使行者人工？」座云：「他不是吾。」山僧云：「老人家如法。天日且恁熱，

典座故事一：寧波用師父

　　我在天童寺掛單修習時，當地出身、法號中有一「用」字的師父正擔任典座。

　　有一天午齋結束，經東迴廊前往〔寮舍之一的〕超然齋途中，看到用典座在佛殿前大太陽底下曬海苔，手握竹杖，頭上連斗笠都不戴。那時陽光很強，地磚熱到燙人，他汗流浹背，仍專心勞作，看得出來有點吃力；老人家背脊屈曲如彎弓，粗礦的眉毛白如鶴羽。

　　我趨前詢問典座年紀，典座答道：「六十八歲。」我又問：「您年紀這麼大了，這種事為什麼不讓行者或雜工去做呢？」典座說道：「別人是別人，與我自己的修行無關。」我又說：「老人家說得沒錯，但陽光熱成那樣，為什麼非要挑這個時

31 法號通常為兩個字，為表示尊敬，只以一字稱呼法號中有一「用」字的典座和尚。
32 苔為海藻的一種，也有一說是香菇。

如何恁地？」座云：「更待何時？」山僧便休。步廊腳下，潛覺此職之為機要矣。

間來做呢？」典座答道：「如果不是現在，難道還有更適合的時間嗎？」

　　聽他這麼說，我無言以對。我在迴廊邊走邊回想剛才的對話，深心覺得典座這個職位的重要。

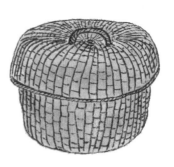

●飯詰（稻草編的飯筒保溫籠）

又嘉定十六年[33]癸未五月中，在慶元舶裡，倭使頭說話次，有一老僧來，年六十許歲，一直便到舶裡。問和客討買倭椹[34]。山僧請他喫茶，問他所在，便是阿育王山典座也。

他云：「吾是西蜀人也，離鄉得四十年，今年是六十一歲，向來粗歷諸方叢林。先年權住孤雲裡，討得育王掛搭，胡亂過。然去年解

典座故事二：船上偶遇老僧

又，嘉定十六年五月初，我還待在停泊於寧波碼頭的船上。一天我正和日本的船長談話，看到一名年約六十歲的中國老僧往我們這艘船走來。他逕直上了船，說想和日本人商量購買香菇的事。我招待老僧喝茶，並問他打哪兒來的，他說他是阿育王山廣利禪寺典座。

他說：「我出生於西方的四川，離鄉至今已經四十年，今年六十一歲了。先後待過各地的道場，前幾年來到阿育王山的僧堂掛單，隨意度日；沒想到去年夏安居解夏那天被指定充任典座一職。明天為逢五之日〔要為修行僧加菜〕，可是山上並沒有什麼可以讓他們吃得開心的東西，本來打算要煮麵疙瘩，偏偏香菇也用完了。恰好聽說有日本船抵達，特

---

33 「嘉定」為南宋寧宗最後一個年號，嘉定十六年為公元 1223 年。
34 「椹」或是香菇，亦有一說為木耳。

夏了，充本寺典座。明日五日[35]，一供渾無好吃，要做麵汁，未有
椹在，仍特特來討椹買，供養十方雲衲。」
山僧問他：「幾時離彼？」座云：「齋了。」山僧云：「育王去這
裡有多少路？」座云：「三十四、五里[36]。」山僧云：「幾時回寺
裡去也？」座云：「如今買椹了便行。」山僧云：「今日不期相會，

地趕來購買，希望能夠好好供養來自四方的僧眾。」

　　我問他：「您是何時從阿育王山出發的呢？」典座說：「午
齋結束後即刻下山的。」

　　我又問道：「阿育王山離此地有多遠呢？」典座答：
「三十四、五里遠。」

　　我說：「準備什麼時候回返寺院呢？」典座說：「等買
好香菇之後馬上回去。」

　　我提出建議道：「今天與您不期而遇，得以在船上交談，
不是正好可以結緣嗎？請典座師父今晚接受我的供養。」典
座答道：「這可不行，寺裡明天要做特別的供養，如果不是
我自己來做是不行的。」

　　我不解問道：「像廣利禪寺這樣的大寺院，難道沒有別
人可以幫忙煮飯做菜？即使您一個人不在，應該也不至於有

---

35 禪宗道場每隔五天為「五參上堂」之日，住持登法堂須彌壇為僧眾說法，這一天也會
供應比較特別的餐點。
36 約等於二十幾公里。

且在舶裡說話，豈非好結緣乎？道元供養典座禪師。」座云：「不可也，明日供養，吾若不管便不是了也。」山僧云：「寺裡何無同事者理會齋粥乎？典座一位不在，有什麼缺闕？」座云：「吾老年掌此職，乃耄及之辦道也，何以可讓他乎？又來時未請一夜宿暇。」山僧又問典座：「座尊年，何不坐禪辦道，看古人話頭，煩充典座，

什麼問題吧？」典座說：「我到這把年紀才當上典座，其實這就是老後的修行，我為什麼要把機會讓給別人呢？何況我離開寺院時並未取得外宿一夜的許可。」

我又問：「您年紀已經這麼大了，若說要修行，為什麼不專心坐禪辦道或參究公案，卻接下繁瑣的典座之職，整天忙著作務，您覺得這樣好嗎？」

典座聽了大笑說：「你這個外國來的老實人，看來你還不懂得真正的辦道是怎麼回事，也不太理解公案文字的作用啊。」

我聽他這麼說，突然覺得非常丟臉，心中大驚，馬上向典座請教道：「如何才是文字？還有，怎樣才叫辦道呢？」

典座答道：「如果你能夠認真去探究你的問題，終有一天你就會了解如何是文字、怎樣是辦道[37]。」

---

37 老典座似乎在此提點道元：作務和參究公案話頭以及坐禪辦道並沒有什麼分別。

只管作務，有甚好事？」座大笑云：「外國好人，未了得辦道，未知得文字在。」山僧聞他恁地話，忽然發慚驚心，便問他：「如何是文字？如何是辦道？」座云：「若不蹉過問處，豈非其人也？」山僧當時不會，座云：「若未了得，他時後日，到育王山，一番商量文字道理去在。」恁地話了，便起座云：「日晏了，忙去。」便歸去了也。

　　當時我甚至搞不清楚老人家在說什麼，典座見狀說道：「如果還是不懂，以後有機會就上阿育王山來，到時我們再好好討論一下所謂參禪辦道是什麼意思。」說完立刻起座，說：「時候不早，我得回去了。」即辭別而去。

●岡持（搬食物和餐具用的木器）

同年七月間，山僧掛錫天童，時彼典座來得相見云：「解夏了，退典座歸鄉去，適聞兄弟說老子在個裏，如何不來相見。」山僧喜踊感激，接他說話之次，說出前日在舶裏文字辦道之因緣。

典座云：「學文字者，為知文字之故也；務辦道者，要肯辦道之故也。」山僧問他：「如何是文字？」座云：「一二三四五。」又問：「如

什麼是文字，如何是辦道

　　同年七月間，我正式在天童寺掛單，此時那位阿育王山的典座前來與我相見，說：「夏安居結束之後，我辭退典座之職，正準備回老家去，偶然聽同修說你在這裡，覺得應該過來跟你見個面。」我聽了非常感動，開心地接待他，談話之間，我重新提起之前在船上關於文字與辦道的問答〔並向他進一步請教〕。

　　典座說：「參究話頭的人，就是想知道文字說的是什麼；坐禪辦道的人，則必須理解辦的是什麼道。」道元說：「敢問什麼是文字？」典座答道：「一、二、三、四、五。」道元又問：「什麼是辦道？」典座答：「真理顯而易見，這世界從來沒有隱藏過一絲一毫。」此外還談了好些話，就略而

何是辦道？」座云：「遍界不曾藏。」其餘說話，雖有多般，今所不錄也。山僧聊知文字、了辦道，乃彼典座之大恩也。向來一段事，說似先師全公，公甚隨喜而已。

山僧後看雪竇[38]有頌示僧云：「一字七字三五字，萬像窮來不為據，夜深月白下滄溟，搜得驪珠有多許。」前年彼典座所云，與今日雪

不記了。我稍稍知道什麼是文字、明瞭如何是辦道，其實都是這位典座的大恩。這段與他互動的始末，我也曾轉述給先師明全和尚聽，他聽了也非常開心。

　　我後來讀到雪竇重顯禪師開示弟子的一首詩，他是這麼說的：「一字、七字、三字或五字，如果能窮究森羅萬象的本質，即能知道一切事物都不只是表象所見那樣而已〔，其背後無不含藏著完整、飽滿的真理〕；就像夜深時逐漸沉入大海的月亮反照的耀眼輝光，仔細一看都是一顆顆有如藏在驪龍下巴的珍貴寶珠[39]。」當年那位老典座所說，與現在看到的雪竇禪師開示都是一樣的，這讓我更加確認老典座是真正充滿道心的修行人。

　　過去所看的文字是一二三四五，今天所看的文字也就是

38 雪竇重顯（980-1052），雲門宗僧侶，住持明州（今寧波）雪竇山資聖寺三十一載，舉揚宗風，號稱雲門中興之祖，著有《明覺禪師語錄》六卷及《碧巖集百則頌》等。
39 寶珠或指佛性。

實所示自相符合，彌知彼典座是真道人也。

然則從來所看之文字是一二三四五也，今日所看之文字，亦六七八九十也。後來兄弟，從這頭看了那頭，從那頭看了這頭，作恁功夫，便了得文字上一味禪去也。若不如是，被諸方五味禪之毒，排辦僧食，未能得好手也。

六七八九十〔，當知它們在本質上都平等、絕對而沒有差別〕。未來的修行人啊，若能從這頭看向那頭，或從那頭看向這頭，不斷地觀察省思，就會理解一切文字都是在告訴你一個純粹而真實的道理。若不懂得這個意思，被各種天花亂墜的修行法門所影響，帶著不正確的心念去辦理僧食，就不能作一個好典座啊。

●御櫃（放炊好米飯用的木桶）

誠夫當職先聞現證，在眼在耳，有文字，有道理，可謂正的歟。縱忝粥飯頭之名，心術亦可同之也。《禪苑清規》云：「二時粥飯，理合精豐；四事供須無令闕少。世尊二十年遺恩，蓋覆兒孫；白毫光[40]一分功德，受用不盡。」然則「但知奉眾，不可憂貧」，「若無有限之心，自有無窮之福」，蓋是供眾住持之心術也。

以平等心敬惜心，真誠供養布施

關於典座的修行，我的確可以看到過去不少記載，也不乏親身體驗，記憶猶新像是在眼前，或還在耳中迴響，既有文字說明，也有實際操辦的示範，這些都是世尊正傳的佛法神髓啊！

就像住持和尚又名「粥飯頭」，他的用心也必須和典座一樣。《禪苑清規》上說：「早粥與午齋，都必須盡心盡力烹煮得美味而豐盛；對僧眾在飲食、衣服、臥具、醫藥所需，也都不可虧缺。世尊成道後本有世壽百年，卻自願縮短二十年，將其福德留給後世，守護著所有修行人；他眉間發出〔象徵智慧遍照〕的白毫光，即使只是分得一點點，其恩澤卻讓我們受用不盡。」又說「但知一心一意供養僧眾，一點也不

---

40 佛教術語中形容轉輪聖王與佛陀所具有的外貌和身形特徵，所謂三十二相、八十種好；眉間白毫為三十二相之一。

調辦供養物色之術，不論物細，不論物粗，深生真實心、敬重心為詮要。不見麼，漿水一缽，也供十號[41]分，自得老婆生前之妙功德[42]；庵羅半果，也捨一寺分，能萌育王最後之大善根，授記莂，感大果[43]。

需要擔心物資有所短少」，「只要不抱著有限的相對心，自然會獲致無窮的福德」。不只是典座，以栽培僧眾為職責的住持和尚也要懂得這個道理。

調理供養僧眾食物的要領是，不論食材精緻難得或粗俗平常，都要發自肺腑予以平等看待，一律帶著敬惜之心。

我們都聽說過，一個老太婆以洗米水供養世尊，而被視為她此生最了不起的功德；阿育王僅僅以半個芒果布施寺院，

---

41 釋迦牟尼有十種稱號：如來、應供、正遍知、明行足、善逝、世間解、無上師、調御丈夫、天人師、佛世尊。

42 典出《大智度論》卷八，謂佛陀與阿難行腳至一婆羅門城，城主禁止百姓供養佛陀、聽佛說法，致師徒兩人入城托缽時一無所獲，恰巧一位老太婆拿了一碗餿掉的米漿出來準備丟棄，見佛陀手中空缽心生不忍，乃帶著歉意供養米漿；佛陀知其信心清淨，預言其將受無上福報。

43 古代以玉或竹、木、銅製符節作為憑證，從中剖開，雙方各執一半，稱為「莂」（音同「別」）。「授記莂」（梵文 vyākarana）或作「授記」，於佛教中指未來世關於證果及成佛名號之預言。阿育王故事見《阿育王經》卷五「半菴摩勒施僧因緣品」：摩羯陀國王阿育王為佛教大護法，曾建立印度半島第一個大帝國，但晚景淒涼、令出不行，即使想用所有財富供養佛法僧三寶，臣宰亦拒不執行，阿育王最後獻出他唯一能夠支配的東西——手上吃剩的半顆菴摩羅（芒果），受施僧眾感於阿育王的誠心，預言他未來必當成佛。

雖佛之緣，多虛不如少實，是人之行也。

即能成就他最後的大善根，為此獲得佛的預言保證，未來必
有不可思議的果報。

　　儘管同樣是供養佛、法、僧之善緣，但重點不在布施數
量多寡，而是有沒有帶著真心，這是做人的基本態度。

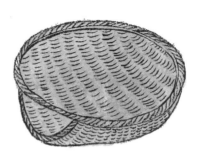

●洗米用的笊，以細竹、柳條編成的杓型漏網。

所謂調醍醐[44]味，未必為上；調莆菜羹，未必為下。捧莆菜擇莆菜
之時，真心、誠心、淨潔心，可準醍醐味。所以者何？朝宗於佛法
清淨大海眾之時，不見醍醐味，不存莆菜味，唯一大海味而已。況
復長道芽、養聖胎之事，醍醐與莆菜，一如無二如也。有「比丘口
如灶」之先言，不可不知。可想：莆菜能養聖胎，能長道芽，不可

醍醐味與蒲菜羹無別

　　世人心中最精美的醍醐味，不見得就特別高貴；而普通
的蒲菜羹，也不見得就低俗。我們洗選蒲菜時，都抱著一顆
真誠、潔淨無染之心，就跟調製甘露、醍醐一樣。

　　怎麼說呢？就好比百川流向佛法的清淨大海時，大海〔並
不會分別河川大小與清濁〕一律接納，對大海而言，既沒有
醍醐味，也沒有蒲菜味，有的只是一個大海味。何況栽培追
尋佛法真理的種子、呵護孕育佛智的肉身時，醍醐與蒲菜發
揮的功效是沒有區別的。

　　以前就有人說過：「出家人的嘴巴跟灶一樣，好、壞、粗、
細來者不拒」，大家應該知道。試想：蒲菜能長養未來的佛身，
能培育道心的嫩芽，不可視之為下等，不可輕賤不知珍惜。

---

44 醍醐為最高級乳製品，《大般涅槃經‧聖行品》：「譬如從牛出乳，從乳出酪，從酪
出生酥，從生酥出熟酥，從熟酥出醍醐。醍醐最上。」

為賤，不可為輕。人天之導師，可為菁菜之化益者也。
又不可見眾僧之得失，不可顧眾僧之老少。自猶不知自之落處，他
爭得識他之落處？以自之非為他之非，豈不誤乎？耆年晚進，其形
雖異，有智愚矇，僧宗是同。隨亦昨非今是，聖凡誰知？《禪苑清
規》云：「僧無凡聖，通會十方。」若有「一切是非莫管」之志氣，

作為人天導師的佛陀[45]，教給我們的就是這種無分別的道理。

　　作一個典座，不只是食物不可分精粗，對所供養的僧眾
也不可分對錯、好壞，對老少也不可區別看待。連自己的真
實面目都認識不清了，哪還有時間去管別人是非？自以為是
而對別人說三道四，這是錯誤的。年老、年少、有智、無德，
固然看起來有差，但同為出家人，尊貴的目標都是一樣的。
何況昨天是錯的，今天很可能就對了，悟道與執迷誰又能清
楚辨別呢？

　　《禪苑清規》說：「僧侶不分凡夫或聖人，〔作為佛、法、
僧三寶之一的僧寶〕到那裡都是一樣的尊貴。」如果能夠心
心念念「不執著於是非、得失、老少、凡聖」，則典座一職
怎麼會不是「直接進入開悟境地」的修行呢？如果對前面所
說的一切，理解稍有差錯，就會與究竟真理擦肩而過。古人

---

45 佛陀十種稱號之一為「天人師」。

那非「直趣無上菩提」之道業耶？如錯向來一步，便乃對面蹉過。古人之骨髓，全在作恁功夫之處也。後代掌當職之兄弟，亦作恁功夫始得。百丈高祖[46]之規繩，豈虛然乎。

所歸納的要領，全在於帶著這樣的觀點去用功。未來執掌典座之職的出家師兄弟，也要如此用心、辦道才可以。百丈懷海禪師的《清規》並非只是虛設。

如佛一樣生活

---

46 百丈懷海（749-814）為馬祖道一門下高徒，後住持洪州（今江西南昌）大雄山百丈巖，著有詳列禪門修行生活準繩的《清規》，後散佚。百丈懷海禪師門下的上首弟子有溈山靈祐、黃檗希運，之後衍生為溈仰和臨濟二宗，與曹洞宗、雲門宗、法眼宗並稱「禪宗五家」。

山僧歸國以降，駐錫於建仁一兩三年。彼寺毊[47]置此職，唯有名字，全無人實。未識是佛事，豈敢辦肯道。真可憐憫，不遇其人，虛度光陰，浪破道業。曾看彼寺此職僧，二時齋粥都不管事，帶一無頭腦無人情奴子，一切大小事，總說向他；作得正，作得不正，未曾去看。如鄰家有婦女相似，若去得見，他乃恥乃瑕。結構一局，或

無道心者入寶山而空歸

我從宋國回到日本以後，曾在建仁寺掛單修行兩三年。寺方雖然勉強設有典座一職，但空有名字，並無如法執行的人。因為不明瞭典座所做的事都是佛道修行本身，所以也不知道通過備辦、烹煮食物過程運心辦道。想起來真是令人心生憐憫，只因在修行之路上沒有遇見懂得這個道理的人，以致浪費了寶貴的時間，辜負了難得的辦道機會。

在建仁寺我所親見的是，擔任典座的人，卻都不管早、午兩頓齋食備辦之事，只是底下有一個什麼都不懂、態度也不佳的助手，任何大小事，都推給這名助手；做得對、做得不對，典座也從未負起監督的責任。就好像鄰家住著一位女子，如果過去看她，會覺得很羞恥，好像是做了什麼見不得

47「毊」音「印」，貿然、勉強之意。

偃臥，或談笑，或看經，或念誦，日久月深，不到鍋邊，況乎買索
什物，諦觀味數，豈存其事乎？何況兩節九拜，未夢見在。時至教
童行，也未曾知。

可憐可悲，無道心之人，未曾遇見有道德之輩，雖入寶山兮，空手
而歸，雖到寶海兮，空身而還。應知雖他未曾發心兮，若見一本分

人的事一樣。這位典座自己有一套寮房，平常要嘛在睡覺，
要不就是與人談笑，偶爾看經、念誦，擔任典座這麼多年下
來，一次也沒進過廚房，更不會去備辦食材雜貨、了解一下
飯菜的品質與數量，這樣的人哪裡會了解烹煮食物供養僧眾
即是修行的道理？遑論要他懂得每天煮好的早、午二齋要在
庫院先行「僧食九拜」之禮等等，根本是做夢。等到有一天
要交棒給後輩僧侶並教導他們時，自己什麼也不知道。

　　想來真是可憐又可悲，沒有道心的人，又未曾遇到學行
俱佳的前輩，雖然進入典座一職的寶山卻空手而歸，入寶海
卻一無所獲而返。

　　要知道他本人雖然不理解典座的重要進而發心辦道，若
能遇見一位懂得道理的人開導他，那麼他就會恰如其分地做
好典座這個職務；即使沒能遇見有道的前輩，若是自己懂得

人，則行得其道；雖未見一本分人兮，若是深發心者，則行膺其道。
既以兩闕，何以一益。

立大志發大心，那麼他在典座一職上的一言一行，也必能合
乎佛道的真理。當初建仁寺的狀況是，以上兩者都缺，因而
儘管身為典座，在修行上卻一點幫助都沒有。

●灶臺和蒸籠

如見大宋國諸山諸寺，知事、頭首，居職之族，雖為一年之精勤，各存三般之住持，與時營之，競緣勵之：己如利他，兼豐自利；一興叢席，一新高格；齊肩競頭，繼踵重踪。

於是應詳，有見自如他之癡人，有顧他如自之君子。古人云：「三分光陰二早過，靈臺一點不揩磨；貪生逐日區區去，喚不回頭爭奈

三種用心的要領

就我所見宋國各禪宗道場，不管是知事、頭首，只要賦予職務，雖然為時只有一年，卻都勤奮精進，並懂得三種用心的要領處理日常事務，競相以此機緣努力辦道。

三種用心的要領是：服務他人，同時也增進自己的修行；讓修行道場運營順暢、日益興隆，一新禪風；與古代祖師大德比肩競爭，追隨前人的步履，並效法他們辦道的精神。

所以大家應當了解，有那種把自己分內事都推託給別人的愚癡者，但也有把別人的事都當做自己分內事的君子。

雪竇重顯禪師有言：「人生苦短，很快就過了三分之二時間，卻一逕蹉跎，對靈性的開發毫不在意；每天渾渾噩噩度日，卻一無警覺，如果不知反省，別人也只能徒呼奈何。」

何。」須知，未見知識，被人情奪。可憐，愚子運出長者所傳之家財，徒作他人面前之塵糞。今乃不可然耶。

嘗觀，當職前來有道，其掌其德自符。大潙悟道，典座之時也；洞山麻三斤[48]，亦典座之時也。若可貴事者，可貴悟道之事；若可貴時者，可貴悟道之時者歟。慕事耽道之跡，握沙而為寶，猶有其驗[49]；

　　要知道，如果沒能遇上好的導師，就會帶著世俗的價值觀活著。可憐啊，這就好像愚蠢的子弟把先祖代代所留的財寶清運一空，在別人面前棄之如糞土。如今再也不能這樣下去了。

　　我也發現，擔任典座的修行者如果具有堅固道心，他的德性與職掌必能互相呼應。潙山靈祐禪師就是在擔任典座時悟道的；洞山守初禪師以著名的「麻三斤」公案接引弟子，也是在擔任典座的時候。

　　若要說有什麼事特別尊貴，那麼悟道就是；有什麼時刻特別難得，悟道的時刻就是。

　　從我們所仰慕的修行悟道者行跡可以知道，即使是小孩

48 典出《景德傳燈錄》卷二十二「雙泉師寬」章。洞山守初正在庫房秤芝麻，僧問洞山：「如何是佛？」洞山云：「麻三斤。」禪師以突兀的答案截斷思維，要行者放下「佛」也放下「麻三斤」，另尋活路。
49 典出《阿育王經》卷一「生因緣品」：一天佛陀與阿難入王舍城托鉢，路上遇到兩個小孩在玩沙，其中一個小孩看到佛陀形姿尊貴莊嚴，即以手上的沙當作乾飯放進佛鉢供養，佛陀即預言此小孩未來將生於華氏城，名阿育，為轉輪聖王。

摸形而作禮，屢見其感[50]。何況其職是同，其稱是一。其情其業，若可傳者，其美其道，豈不來乎。

遊玩般將手上一握沙土至誠供養佛陀，也會有不可思議的靈驗發生；或是捏塑佛像潛心禮拜，也會有許多感應出現。何況所擔當的是和溈山、洞山同樣的典座職務，名稱也一樣。

　　如果能體會他們的用心，以他們的行為作典範，將這一切流傳下去，那麼他們美好的行跡、所體會的真理，沒有不重現的道理。

---

50 典出《佛說作佛行像經》：優填王見佛陀相好莊嚴，心生歡喜，怕佛陀離去後不復再見，欲作佛形象以承事供養，並問將獲得何等福報，佛陀道：「天下人作佛形像者，其後世所生處，眼目淨潔、面目端正，身體手足常好，生天上亦淨潔，與諸天絕異，眼目面貌好。」

凡諸知事、頭首，及當職作事、作務之時節，可保持喜心、老心、大心者也。所謂喜心者，喜悅心也。可想我若生天上，著樂無間，不可發心，修行未便，何況可作三寶供養之食耶。萬法之中，最尊貴者三寶也，最上勝者三寶也。天帝非喻，輪王弗比。《清規》云：「世間尊貴，物外優閒，清淨無為，眾僧為最。」今吾幸生人間，

以歡喜心供養三寶

　　凡是禪院中擔任知事、頭首，以及典座之職務者，在執行各自的工作時，應該帶著喜心、老心、大心三種念頭。

　　所謂喜心，就是懷抱喜悅之心，想著如果自己生於天界，只有喜樂不知憂苦，即無法產生求道之心，遑論可以擔任烹煮食物供養佛、法、僧三寶的典座了。世間一切，最尊貴無與倫比的就是佛、法、僧三寶了。〔天界之主〕帝釋天甚至不知如何形容三寶的尊貴，而〔以正法君臨世界的理想統治者〕轉輪聖王也比不上三寶的尊貴。《禪苑清規》說：「世上最尊貴，就是超脫世俗的羈絆，內心清淨，不汲汲營營的出家眾了。」如今我們有幸生於人間，可以備辦供養佛、法、僧三寶的食物，難道不是千載難逢的善因緣嗎？所以能夠擔任典座，應該感到特別喜悅。

　　也可以這麼想：如果我並非投生人間，而是在地獄、餓鬼、畜生、修羅等所謂惡道世界，或是身處八種與佛法無緣的情

而作此三寶受用之食，豈非大因緣耶？尤以可悅喜者也。

又可想，我若生地獄、餓鬼、畜生、修羅等之趣[51]，又生自餘之八難處[52]，雖有求僧力之覆身，手自不可作供養三寶之淨食，依其苦器而受苦，縛身心也。今生既作之，可悅之生也，可悅之身也。曠大劫之良緣也，不可朽之功德也。願以萬生千生，而攝一日一時，可

境，或許可因出家為僧之福德而獲得神力加護，究竟沒有機會親手製作清淨的齋食來供養佛、法、僧三寶，只因在惡道世界中，肉體的苦楚無窮無盡，身心都受到無法擺脫的束縛。

我們此生既生而為人，可以烹煮用來供養三寶的食物，這是多麼值得感到欣喜的人生，而這樣的我們又是多麼的幸福，真是千載難逢的良緣，也是不朽的功德。

但願能夠將千千萬萬年的生命之流，灌注在身為典座的此時此刻，以至誠之心，調配出供養三寶的飯菜。這樣做，我們將可以在永恆的生死流轉中結下良緣。

一顆可以諦觀生命本質的心，即是歡喜心。不如是，則

51 「趣」同「趨」，即去處。佛教因果觀中凡夫眾生因業緣導致的生存狀態或境界，分為天、阿修羅、人、畜生、惡鬼、地獄等「六趣」，或稱「六道輪迴」。
52 《維摩詰所說經‧佛國品》云：「菩薩成佛時，國土無有三途八難。」八難指無法見佛聞法的八種障礙，又名「八無暇」，八難者，一、墮於地獄；二、餓鬼道眾生；三、畜生道眾生；四、生於長壽天（指外道修行者不聞正法，以為入定就是解脫）；五、生於邊地（生邊地者不聞佛法教化）；六、聾盲瘖啞；七、世智辯聰（於世間學問聰明利辯者容易對佛法產生排拒）；八、生於佛前佛後。

辦之、可作之。為能使千萬生之身結於良緣也。如此觀達之心，乃喜心也。誠夫縱作轉輪聖王之身，非作供養三寶之食者，終其無益。唯是水沫泡焰之質也。

即使投生為轉輪聖王之身，卻不能調辦食物以供養三寶，終究無法把握良緣、累積善德，一切作為猶如水沫火焰般虛幻不實。

● 各式庖丁刀

所謂老心者，父母心也。譬若父母念於一子，存念三寶如念一子也。
貧者、窮者，強愛育一子。其志如何，外人不識，作父作母方識之
也。不顧自身之貧富，偏念吾子之長大也。不顧自寒，不顧自熱，
蔭子覆子，以為親念切切之至。發其心之人能識之，慣其心之人方
覺之者也。然乃看水看穀，皆可存養子之慈懇者歟？大師釋尊，猶

如父母慈愛其子

所謂老心，即是父母心。

就像父母心心念念都在小孩身上，典座對供養三寶的每
一個細節都要念茲在茲，猶如父母總是念著自己小孩一樣。

再怎麼貧困、一無所有的父母，也會竭盡心力去呵護自
己的小孩。那種心情到底像什麼，局外人不會理解，只有身
為父母的人才懂。

作父母的，不管自己冷熱，總先幫小孩添衣或遮陽，這
是父母對小孩時時無微不至的天性。

能夠懷抱父母心的人，才會了解什麼叫作老心；把調理
僧食的所有過程時時都放在心上的人，也才會成為一個自覺
而明理的典座。

總是不忘自問：檢查水量多寡或是揀選食材的時候，有
沒有帶著父母養育小孩那種慈愛之心？修行成道者釋迦牟尼
都自願減壽二十年，以此福德來庇蔭後世的我們。這是什麼

分二十年之佛壽，而蔭末世之吾等。其意如何？唯垂父母心而已。
如來全不可求果，亦不可求富。

樣的心意呢？正是父母心啊！世尊如來既不貪求任何果報，
也不是為了世間的榮華富貴。

●片口研磨缽

所謂大心者，大山於其心，大海於其心，無偏無黨心也。提鍋而不
為輕，扛鈞而不可重。被引春聲分，不游春澤；雖見秋色分，更無
秋心。競四運於一景，視銖鍋於一目。於是一節，可書大之字也，
可知大之字也，可學大之字也。

夾山之典座，若不學大字者，不覺之一笑，莫度太原[53]。大溈禪師，

成就一段大事因緣

　　所謂大心，就是有一顆如大山般安穩、如大海般包容的
心，也就是沒有好惡分別的心。即使手提的只是一兩重的東
西，也不當它是輕；就算提的是三十斤的東西，也不會抱怨
它的重。當聽到春禽鳴囀聲時，不會心蕩神馳於春日的山川
水澤；雖然眼前是蕭瑟的秋色，也不會滿心寂寥。四季的推
移，無非自然流變，都是眼中一景；物無大小，在眼中也沒
有輕重分別。帶著涵容一切的心眼，則可以無愧一個「大」字；
應深刻地理解「大」字，時時刻刻記取「大」字的道理。

　　夾山善會禪師修行道場的典座和尚，如果沒有學到這個
自在的大心，於聽法時忍不住爆出笑聲，也不會促成太原孚

53 典出《五燈會元》卷七「太原孚上座」章：孚上座在揚州光孝寺講《涅槃經》，夾山（湖
南澧州）靈泉禪院典座行腳路過大雪，因往聽講，談到佛性與法身時，典座當場失笑；
上座講罷請典座吃茶，並請教失笑緣由，典座說：「不道座主說不是，祇是說得法身量
邊事，實未識法身在。」孚上座虛心受教，終獲開悟。

不書大字，取一莖柴，不可三吹[54]。洞山和尚，不知大字，拈三斤麻，莫示一僧。應知向來大善知識，俱是百草頭上學大字來，今乃自在作大聲、說大義、了大事、接大人，成就者個一段大事因緣者也。住持、知事、頭首、雲衲，阿誰忘卻此三種心者哉。 ■

上座的悟道。溈山靈祐禪師沒有在事事物物上安一個大心的話，就不會在百丈禪師應機說法故意跟他要火時，巧妙地取一莖乾柴吹三次作答。洞山守初禪師如果沒有透徹理解大心為何，就不會在一僧問他「如何是佛」時，就著手上的芝麻即刻答道「麻三斤」。

　　所以應該知道歷來悟道的大修行人，無不是在萬事萬物上體現大心應有的樣子，然後在每一個禪機乍現的當下，能夠自在地發大聲、說大義、悟大事、接引其他大修行人，而成就一段段究極佛法真理的殊勝因緣。

　　不只是典座，禪院的住持、知事、頭首或僧侶們，有哪個人能忘記這三種心法呢？ ■

---

54 見《禪林類聚》卷十四，溈山靈祐禪師在百丈懷海道場修行時，一晚百丈要溈山看爐火有無，溈山看了回報說無，百丈親自到爐旁，撥灰而得少火，挾起道：「你道無這箇聻（「聻」音「你」，句末語氣詞，相當於「呢」、「哩」、「是嗎」）？」溈山因而契悟。次日百丈同溈山入山作務，百丈問：「還將得火來麼？」溈山便拾起一枝枯柴吹三次然後交給百丈，百丈很滿意他的答覆。

赴粥飯法

《赴粥飯法》好比專為僧眾所訂的用餐手冊

過程中每個細節都有嚴格的規矩

這一方面是為使寺院集體生活順暢又高效率地運作

另一方面也是藉此把握在每個當下用功的機會

落實一切舉止都「直指本證」的修行

導讀

在日本曹洞宗寺院中，僧堂與浴室、東司（廁所）同屬三默道場，嚴格禁語，更不許嬉鬧。

每到用餐時間，數十名僧侶各自端坐方寸之地——那用來打坐、吃飯、睡覺的同一張禪床——與幾位幫忙盛飯、打菜的「行者」，彼此在緘默中以最快速度完成一整套複雜的程序，近八百年來奉行如儀，靠的就是這部《赴粥飯法》的教示與導引。

《赴粥飯法》彷彿是僧眾如何吃飯（包括鋪展餐具、收拾食器）的詳實說明書，一方面是因應禪堂日常作息的需要（試想若是粥不粥、飯不飯、米裡面有沙、菜裡面有老鼠屎、太鹹太淡或分量不夠，讓僧眾吃不好、吃不飽，如何安心辦道），一方面也是希望修行僧的言行舉止都能「直指本證」。如果參禪辦道必須身心一如，那麼吃飯、睡覺、作務、洗澡、如廁也不可漫不經心。

舉止精確展現節奏性美感威儀

《赴粥飯法》開宗明義引《維摩詰所說經》「若能於食等者，諸法亦等；諸法等者，於食亦等」，主張僧堂日常飲

食及其細節皆等同於佛法，僧眾的身、語、意都是佛行，無有高下分別。

《赴粥飯法》脫胎自長蘆宗賾《禪苑清規》卷一〈赴粥飯〉條，並參考《四分律・式叉迦羅尼法》（通稱〈百眾學〉）而成，詳述僧堂用餐儀節規矩，舉凡進退次序與餐前的唱誦，以至如何使用應量器（鉢、碟）、匙筯（木匙、筷子），包括從鋪展、排列到餐後的清潔、收納，用餐時的禁止事項等等，每個舉止動作都規定得完整且精確，條理分明，使得僧眾的集體行動達到和諧，並展現節奏性美感，無損僧眾威儀，且增益修行場域的莊嚴，體現了「威儀即佛法，作法是宗旨」的深意。

1247 年六月，日本首座七堂伽藍配置的禪院永平寺落成，《赴粥飯法》大概也完成於這一年秋天。不像《典座教訓》或《普勸坐禪儀》，作者明白署名道元，前者曰「觀音導利興聖寶林禪寺比丘道元」，後者一作「觀音導利興聖寶林寺沙門道元」（嘉祿三年，1227，最初版本）、一作「入宋傳法沙門道元」（天福元年，1233，直筆真跡，日本國寶），《赴粥飯法》僅掛上「永平寺」名號，不署道元。

　　道元當初寫作《赴粥飯法》時，固然有長蘆宗賾《禪苑清規》卷一〈赴粥飯〉條可本，但後者較為節略，而道元自己離開天童寺已二十年，對當年在宋國禪院生活的細節，記憶日漸朦朧，原版本中想必有許多地方在前後順序、作法細節的描述上語焉不詳，道元在世時可能也對弟子們表達了不安。

　　1259 年適逢道元圓寂七年紀念祭典，嗣法弟子、永平二世祖懷奘趁伽藍整備的機緣，請師兄弟義介渡宋到天童寺為首的諸方叢林、大剎進行考察，一方面收集最新的禪師語錄，一方面描繪禪院配置與各式法器、道具，並詳細記錄禪院生活的所有規矩作法，回來革新永平寺道場，以報師恩。

　　義介在宋國前後待了四年，所帶回來的一切奠定了永平寺初期興隆的基礎。或許新版《赴粥飯法》也是義介的努力成果之一，對道元禪師原文做了相當程度的訂正與補充，不宜再掛名道元，因而僅署「永平寺」。

因應禪門共同生活庶務管理所需

漢傳佛教有一點與原始佛教、南傳的上座部佛教差別極大：印度古來的出家修行者，不管是佛教、耆那教、婆羅門教，因為沒有屬於自己的土地（也是戒律所禁制），無法從事生產，日常所需如飲食、衣服、臥具、醫藥等（佛家所謂「四事」）率皆由信眾發心供養，因此也沒有「作務」傳統；由於是托缽乞食（所以不能忌避葷腥），也不會有廚房、不需要典座。一如禪宗，作務或也是漢傳佛教的「發明」。

佛教傳入中土，獲得朝廷、貴族、官府的庇護，寺院擁有自己的莊園，可以自力更生，同時勞役成為必須，嚴格素食也才成為可能。

一開始禪僧多居律宗寺院，但修禪者與持律者作息規範畢竟不同，慢慢即不再寄寓既有寺院，加上相對而言禪者較傾向追求自由與隱逸，於是隨時雲遊、十方請益，逐漸形成以禪修導師為中心和合共住、自給自足的團體，除了既有戒律，因應禪門共同生活庶務管理所需的「清規」也陸續成立，

其中最早出現的即是馬祖道一門下、標舉「一日不做，一日不食」的百丈懷海（749-814）所撰《禪門規式》（只存殘篇）。

《規式》裡面說，僧眾「行普請之法，上下均力」。「普請」又叫「出坡」，即寺院相關各種勞役，其中從事生產的行為則名之為「作務」，將「上下均力」的普請作務制度化，以及「無多少無高下，盡入僧堂中，依夏次（夏安居次數，代表戒臘長短）安排，設長連床」的平等觀，為禪門的修學體制、甚至其宗旨帶來新的詮釋可能。

從中唐百丈時代禪、律分院（禪林「唯豎法堂，不立佛殿」，重視住持上堂說法，此外只有僧堂供大眾起居、庫院提供吃食所需），到北宋時期宗賾的《禪苑清規》，伽藍配置除了山門、佛殿、法堂、僧堂、庫院、浴室、東司（所謂「七堂伽藍」，詳見p.74），還有眾寮、方丈、經藏、延壽堂甚至油坊等，在日常運作上各種執事所司也極為周延，充分顯示了禪寺規模的完備，各方面發展已臻成熟。

道元帶回日本的，即是這整套的修行系統的精華，而他所留下的大量著述、法語，包括《正法眼藏》、《普勸坐禪

儀》、《典座教訓》、《赴粥飯法》等，及在以永平寺為首
曹洞宗寺院中奉行至今的制式作法，則成為屬於全人類的珍
貴精神遺產。 ■

赴粥飯法

永平寺

經曰：「若能於食等者，諸法亦等；諸法等者，於食亦等。」[1]方令教法而等食，教食而法等。

是故，法若法性，食亦法性；法若真如，食亦真如；法若一心，食亦一心；法若菩提，食亦菩提。

飲食與真理無別

《維摩詰所說經》上說：「若能視所有飲食皆平等無差別，那麼對世上存在的一切事物、現象必能平等對待；若是對世上森羅萬象皆能平等視之，則看待飲食亦將如是。」這正是在告訴我們，一切存有與現象的真實本質和飲食沒有差別，而飲食與萬事萬物在本質上也都是平等的。

所以如果一切存在無一不是法性〔——絕對真理本身〕[2]，那麼飲食亦然；如果一切存在都是真如〔——真實不變的本性〕，那麼飲食也是；如果一切存在都彰顯其背後的真心實相，那麼飲食也一樣；如果一切存在都是證悟的智慧，那麼飲食也不會例外。

---

1 出自《維摩詰所說經・弟子品》。

2 原文所無但為讓白話譯文更清楚完整而演繹的文字，前後以中括弧標註之，下同。

名等、義等，故言「等」。經曰：「名等義等，一切皆等，純一無雜。」[3]

如佛一樣生活

〔當我們試圖在生活中發現真理與智慧，則飲食的環節同樣不可輕忽，〕不管是名目上或實際意義上，看待一切都必須等同無別，才能說是「等」。

馬祖道一禪師引《楞伽經》大意說：「諸名稱皆平等無別，所有道理也是，一切事物、現象都是同一主體的眾多面貌，純粹而沒有雜質。」

---

3 引自《馬祖道一禪師廣錄》卷一，原文作「名等義等，一切諸法皆等，純一無雜」，或源出《楞伽經》卷三論無分別執著的平等智慧大意。

馬祖[4]曰：「建立法界，盡是法界；若立真如，盡是真如；若立理，盡是理；若立事，一切法盡是事。」

然則，等者非等均、等量之等，是正等覺[5]之等也。正等覺者，本末究竟等也。本末究竟等者，唯佛與佛，乃能究盡，諸法實相也。所以，食者諸法之法也，唯佛與佛之所究盡也。

世上一切本質皆平等

馬祖道一禪師說：「如果認為世上一切存有、現象都有差別，那麼你對這世界的所有感知都充滿了差別。如果以平等的眼光來面對森羅萬象的本質，你將會看到一個真如平等的世界。所以如果有理性的慧眼，所見盡是平等理性；如果帶著差別之眼，則所到之處盡是差別。」

但是這裡所說的「等」，並不是均等、等量的「等」，而是正等覺的「等」。所謂正等覺，就是「本末究竟等」——世上一切存在、現象與終極真理之間，究竟而言並無高下、分別，都是絕對而平等的。這是所有成道的佛眼中的世界，

---

4 馬祖道一為活躍於八世紀唐代的禪師，六祖慧能再傳弟子，南嶽懷讓弟子，主張「即心是佛」、「平常心是道」，有曹溪禪法樸素本色，開啟叢林制度、創立洪州宗，其法脈在宋代開衍臨濟、潙仰二宗。法嗣有百丈懷海、南泉普願等禪師；有《馬祖道一禪師廣錄》傳世。

5 梵文 samyak-saṃbodhi，音譯「三藐三菩提」，意譯為「正等覺」，在修行中對絕對真理有正確覺知（即了悟無常），「等」意即完美無缺。

正當恁麼時，有實相、性、體、力、作、因、緣。是以法是食，食是法也。是法者，為前佛後佛之所受用也；此食者，法喜禪悅之所充足也。

對他們而言，森羅萬象與絕對真理並無不同，這就是世上一切存在、現象的真正本質。

在體認的當下，你也就理解了世間一切事物真實的樣貌、性質、形態、能力、作用、〔直接的〕原因與〔間接的〕助緣。所以說「法是食」—— 一切存有與現象的真實本質和飲食沒有差別，而「食是法」—— 飲食與萬事萬物在本質上也都是平等的。

此一「食與法等」的真理為所有證悟成道的佛自由運用，而與萬法為一體的飲食本身，則充滿了聽聞真理的歡喜與禪定的愉悅。

粥時開靜[6]已後，齋時三鼓已前，先於食位就坐。齋時，三鼓之後鳴大鐘者，報齋時也。城隍先齋鐘，山林先三鼓。此時，若面壁打坐之者，須轉身正面而坐；若在堂外者，即須息務洗手令淨。當具威儀赴堂。次鳴版三會[7]，大眾一時入堂。入堂之間默然而行，不得點頭語笑。一時入堂，在堂不得言語說話，唯默而已。

僧堂用齋的信號

早粥在坐禪結束敲開靜鐘之後，午齋則是在庫院的大鼓敲三下之前，大家要在各自的座位上坐好。午齋的場合，三聲大鼓之後撞大鐘，作為開始午齋的信號。城裡的寺院先撞齋鐘，城外的寺院先敲三鼓。

聽到信號時，正面壁打坐的人必須轉過身來向內而坐，在僧堂外的人則立刻停止手上的工作，將手洗乾淨，整頓好袈裟、儀容才能前往僧堂。接著敲擊鐘鼓、雲版、木板三回，僧眾再順序進入僧堂。

在行列中要保持安靜，不得彼此打招呼或談天說笑。待所有人進入僧堂就座後，不許說話，必須絕對緘默。

---

6 開靜：「靜」即靜慮，坐禪的同義字。坐禪結束離座謂開靜，又特指坐禪結束的信號。
7 三會，此處指敲打庫院前雲版，由緩而急，共三十六下為一會。

入堂之法：擎合掌於面前而入，合掌指頭當對鼻端。頭低指頭低，頭直指頭直；頭若少斜，指頭亦少斜。其腕莫教近於胸襟，其臂莫教築於脇下。

前門入者、上下間者並從南頰[8]入。先舉左足而入，次入右足而行。所以不從北頰并中央入者，蓋尊崇住持人也。住持人當須從北頰并

進入僧堂的規矩

進入僧堂的規矩：雙手合十置於臉的前方入堂。合掌時指尖必須與鼻端同高。所謂同高，意思是頭如低垂，指頭也跟著放低；頭如直視前方，指頭也在臉的正前方；頭如稍斜向側邊，指頭也隨著斜向側邊。合掌時手腕不可太靠近衣領，手臂不可夾緊於腋下，必須向外側張開。

從正門入堂的場合，座位靠中央走道右邊和左邊的人，一律從入口左側走進去。入堂時先舉左腳、再舉右腳。一般僧侶之所以不走入口右側或正中央，是為了表示對住持和尚的尊崇；只有住持和尚是從入口右側或正中央進僧堂。從入口正中央進僧堂的場合，先舉右腳才是正確的走法。住持和尚入堂後，先到佛像前垂首合掌行禮後，才右轉走到住持和

---

8 日本曹洞宗僧堂正門入口朝東，入口左側稱「南頰」，右側為「北頰」；僧堂北半邊稱為「上間」，南半邊稱為「下間」。

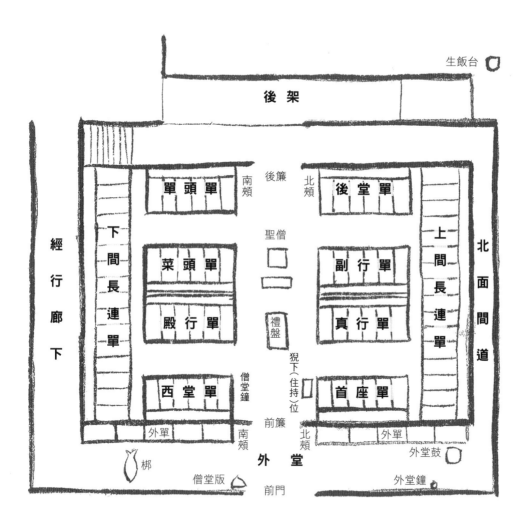

● 僧堂平面圖

中央入。若從中央入者，先舉右足，乃正儀也。於聖僧[9]前問訊訖，右轉身而就位。

首座[10]入堂路，經雲堂之北簷頭下，而從前門之南頰入 後門入者、上間牀者從北頰入，先舉左足；下間牀者從南頰入，先舉右足。於聖僧後，向東問訊訖，赴座[11]。

粥飯坐位[12]，或依戒臘資次，或由掛搭前後，或依被位在處；但安居間，必依戒臘資次。

尚的座席。

　　首座和尚入堂的路線，則是繞經僧堂北側屋簷下迴廊，再從正門左側進入一般僧眾從後門進入僧堂的場合，座位在中央走道靠右者從後門左方進入，入堂時先舉左腳；座位在中央走道靠左者從後門右邊進入，入堂先舉右腳。入堂後先站在聖僧後方，朝東垂首合掌問訊，然後就座。

　　早粥、午齋的座次，或依照出家受戒年資順序，或依照在此寺院入門之先後，也可以依照坐禪或就寢的位置順序。不過在安居期間，一定要嚴格依照出家受戒年資排定先後。

---

9 僧堂中央供奉的佛像稱為聖僧，有文殊菩薩、觀音菩薩或大迦葉等；現在日本曹洞宗僧堂一般供奉的是文殊菩薩。
10 位列修行僧之首者稱為首座。
11 原文中比正文稍小的字體，為道元弟子抄寫時隨文附註的文字，下同。
12 曹洞宗修行僧不管坐禪、用齋、睡眠都在僧堂同一個席位上進行。

上牀之法：問訊鄰位。所謂向牀座問訊，則問訊上下肩也。順轉於上肩 上肩者，左肩也。次問訊對座。先以右手斂左邊衣袖，壓定於腋下；復以左手斂右邊衣袖，壓定於腋下。然後兩手提面前袈裟，次併以左手提之即雙足，次蹈牀近之地而座牀緣，次棄鞋，次以右手按牀，次縮左腳上牀，次收右腳，舉身正座，壓敷於左腳。今云先右手按牀，次縮右腳上牀，次收左腳，舉身正座，左腳壓敷右臀而

上禪牀的規矩

上禪牀的規矩：與鄰座的同修彼此問訊。上牀問訊的場合，先向自己的禪牀問訊，接著向左右兩邊鄰座行禮。先轉向上肩 所謂上肩指左肩，與對方面對面互相合掌垂首為禮。這時要先以右手收攏法衣的左袖，壓置於左邊腋下；然後以左手收斂右袖，壓折於右邊腋下。接著以雙手提起前方袈裟，然後一起交到左手，雙腳靠近禪牀，在牀緣坐下、脫鞋；之後以右手按牀，先收左腳於右腿根部，再收右腳，調整上身端正坐好，然後將右腳壓置於左腿之上。如果是以右手按牀，先盤右腳於左大腿上，再收左腳，調身端坐，然後將左腳盤起壓置於右腿之上。接著將袈裟攤開覆蓋在膝上，不得露出袈裟裡面的衣服，也不可攤得太開、垂於牀緣。牀緣和雙腿之間，要留出可以安放一只鉢盆的空間；牀緣一定要保持乾淨 牀緣這塊小空間的作用，一是攤袈裟，二是放食器，三是睡覺時頭部所在的位置，因而稱之為「三淨」。

坐。次展袈裟蓋膝上,不得露內衣,不得垂衣於牀緣。須退身一鉢許地,以明護淨 一安袈裟,二展鉢盂,三頭所向,是名三淨。

都寺、監寺、副寺、監院、維那、典座、直歲、侍者[13]等,在堂外上間坐;知客、浴主、堂主、炭頭、街坊、化主[14]等,在堂外下間坐。次打木魚[15],眾僧集定。響罷到者,不許入堂。次聞廚前雲版鳴,大眾一時下鉢。

　　都寺、監寺、副寺、監院、維那、典座、直歲、侍者等,都坐在僧堂外堂靠北面的「上間」;知客、浴主、堂主、炭頭、街坊、化主等,則坐在僧堂外堂靠南面的「下間」。

　　這時開始敲打外堂垂掛的木魚,僧眾聽到信號即各就各位坐好。木魚敲打過後才到的人,不許進入僧堂。接著敲打廚房前迴廊的雲版,僧眾聽到信號的同時,即開始布置鉢盤食器。

如佛一樣生活

---

13 都寺、監寺、副寺、監院都是統籌監管寺務者之職稱;維那(梵文 karma-dāna)為僧堂執事;典座為庫院(廚房)之首,負責僧眾齋食;直歲負責建築維修、購備生活用品、人力管理等;侍者隨侍住持身邊,負責處理住持相關日用雜務。
14 知客僧負責接待賓客;浴主負責浴室管理,或稱知浴;堂指安養老僧的延壽堂,堂主即延壽堂負責人;炭頭負責木炭等燃料的供應;街坊負責外出購物;化主負責向信徒勸募金錢與物資。
15 木魚又名魚鼓、梆子。

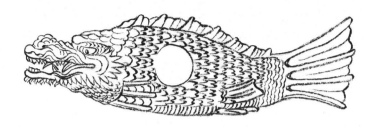

●魚鼓，即木魚，
　龍頭魚身，垂掛於外堂，
　聽到木魚敲打聲，僧眾即各就各位坐好，
　敲打聲響過後就不許進入僧堂。

●雲版，
　青銅製成仿雲形的鳴器，置於廚房前迴廊，
　僧眾聽到雲版敲打的信號時，
　即開始布置鉢盤食器。

下鉢[16]之法：舉身安詳起立定，轉身右迴，向掛搭單[17]合掌低頭，略問訊訖取鉢，左手提鉢，右手解鉤；兩手托鉢，不得太高太低。當胸轉身上肩曲躬將坐，而放鉢盂於上肩之背後。不得將腰、背、肘、臂撞著鄰位；顧視袈裟而不得令拂人面。

取下食器的規矩

取下鉢包的規矩：不疾不徐起身端正站好，接著朝右轉身，向寫有自己僧號的木製名牌「掛搭單」合掌垂首，略微行禮後，取掛在壁上的鉢包，首先用左手提起包裹鉢盂等食器的布巾，再以右手將布巾自鉤上取下；接著兩手托住鉢盂，不要太高也不要太低，大約胸前的位置。然後向左轉，彎身而坐，將鉢盂置於左後方。

腰、背、肘、臂不可碰撞鄰座，也要注意別讓袈裟碰觸到別人的臉。

---

16 「鉢」乃梵文「鉢多羅」（patra）之略，又意譯為「應量器」，為鉢、盂、碟等食器的總稱。禪堂修行僧將所有食器收納布包中，掛在自己禪床後方的板壁上。
17 寫上寺中修行僧侶名號的木札稱為掛搭單，掛在席位後方板壁上；亦指其席位。

● 僧侶各自端坐自己的禪床,在緘默中以最快速度完成一整套複雜的用餐禮儀程序,
　體現日常飲食及其細節皆等同修行。

次當此時，聖僧侍者[18]供養聖僧飯。行者[19]擎飯盤，侍者合掌先飯而步。侍者供養聖僧飯後，於當面階下問訊訖，却槌、砧之[20]複袱子[21]。其後，合掌步出，至正面問訊；右轉身出堂外，經知事牀前而就位。

供養佛的儀式

接下來由聖僧侍者進行聖僧供養儀式。喝食行者舉起飯盤，侍者則合掌走在前面。侍者供養完畢，到佛像前方的拜席行禮問訊，接著取蓋在槌、砧上的方形小綢巾掛在手腕上，合掌返回正面拜席之前垂首問訊，然後右轉走出堂外，經過外單的知事牀前，回到自己的座位。

● 槌砧，
眾僧齊集時用來令大
眾靜肅之敲擊器具。

18 負責侍候僧堂正中供奉的聖僧（多為文殊菩薩）者，稱為「聖僧侍者」。
19 六知事底下負責各式雜務者稱為行者，「喝食行者」指僧眾吃粥用齋時，對每一個動作發號施令的行者。
20 槌為木槌，砧為木製八角形台座，要告知僧眾各種事務前，先以槌敲砧提醒注意。
21 「袱」即袱紗，一種綢巾；「複袱子」又名「複帕」，兩條疊合，覆蓋槌、砧或收納食器的綢巾。

三通鼓聲將罷，堂前小鐘子鳴，住持人入堂；大眾下牀同。住持人問訊聖僧罷，與大眾問訊，然後就位。住持人就位訖，大眾方上牀。侍者參隨住持人，下堂外排立，候大眾坐，一時問訊。然後侍者入桌子，而問訊而出；住持鉢盂安此桌上。

住持進入僧堂的規矩

　　擂鼓三通將結束時，僧堂前的小鐘接著敲七響，住持和尚配合此信號入堂；這時僧眾也一起下座等待住持和尚。

　　住持和尚向佛像行禮問訊後，再與大眾互相問訊，然後就座。

　　住持和尚就座後，大眾才坐上禪牀。

　　侍者隨著住持和尚來到禪堂，並列站在堂外等待，等大眾都就座了，即向大眾行禮問訊。

　　接著一位侍者搬一張桌子進來，置於住持和尚前面，行禮問訊後退出；然後住持和尚將鉢盂食器安放此桌上。

大眾上牀，棄鞋安牀下，舉身正坐於蒲團上，不得參差。次托鉢盂安坐前。次維那入堂，聖僧前問訊罷燒香；燒香罷問訊。聖僧前問訊罷，然後合掌到槌砧邊。問訊槌砧罷，打槌一下，或不打槌，大眾方展鉢。

　　大眾坐上禪牀後，將鞋子脫了放在牀下排好，挺直上身端坐於蒲團上，務求整齊劃一。

　　接著托起鉢盂安放於自己座前。

　　這時維那進入僧堂，在佛像前問訊後燒香；香燒好再問訊為禮，接著合掌走到槌、砧邊，向槌、砧行禮後，打槌一下，或不一定打，大眾在這時開始將鉢盂食器一一排好，準備接受分配食物。

展鉢之法：先合掌解鉢盂複帕之結。取鉢拭，襞疊令小。所謂令小者，橫折一半，豎折三重。橫安頭鑮[22]之後，稍等匙筋袋[23]。鉢拭長一尺二寸布一幅[24]也。放匙筋袋於鉢拭之上，次展淨巾[25]以蓋膝。次開複帕，向身之一角垂牀緣，次向外一角向裏而折，次左右角向裏折，令至鉢盂底邊。次以兩手開于鉢單，覆右手而把

食器排列的規矩

排列鉢盂食器的規矩：先合掌，然後解開包覆鉢盂的兩條疊放的方巾「複帕」的結，取其中一條布巾「鉢拭」，將它折疊成較小一塊。所謂較小，就是先橫向對折，再縱向三折，折好後橫放於頭鑮後面，等一下要把匙筋袋放在上面。鉢拭長一尺二寸等於布一幅。將匙筋袋放在鉢拭上後，攤開淨巾覆蓋雙膝。

之後攤開另一條包巾，將布巾上邊一角垂於牀緣，再將下邊一角稍向內折，然後將左右角向裡折，直到接觸鉢盂底邊。兩手拿起蓋在鉢上的餐巾「鉢單」將其攤開，接著右手

---

22 「鑮」音「奔」，為疊放於鉢中各種大小不一的碗具，頭鑮大小僅次於鉢，又名「次鉢」。
23 「筋」同「箸」，音「助」，即竹筷；匙筋袋為長形小布袋，內裝木匙、竹筷與清理鉢盂的鉢刷。
24 布一幅大約三十六公分見方。
25 淨巾用來防止粥、湯弄髒袈裟。

向身之單緣，以蓋鉢盂口上，即以左手而取鉢盂，安單上之左邊。
次以兩手頭指逐取鐼子，從小次第展之，不得作聲。

如坐位稍窄，只展三鉢。次開匙筯袋取匙、筯。出則先筯，入則先匙。鉢刷同在袋裏。出匙、筯橫安頭鐼之後，匙、筯頭向上肩。次取鉢刷，縱安頭鐼之與第二鐼之中間，刷柄向外，以待出生[26]。次

抓住鉢單靠近身側的一角，先將鉢單暫時蓋於鉢盂上，再以左手取出鉢盂，置於鉢單左邊。以兩手拇指置鐼子正面邊上、食指置底部邊上，將鉢中的鐼子輕輕取出，由小到大順序排好，不得發出聲音。

如果座位窄了些，則只排列鉢、頭鐼、第二鐼三種食器。接著打開匙筯袋取出木匙與竹筷，拿出來時先取出筷子，收進去時先放入木匙。鉢刷也和匙、筷一起放在匙筯袋裡。匙、筷取出後，橫著擺在頭鐼和自己之間，匙、筷的頭部朝左。然後取出鉢刷，直著擺在頭鐼和第二鐼之間，刷柄朝外，等待稍後供施與鬼神鳥獸的「生飯」。接著將匙筯袋折疊使變小，插入頭鉢鉢單底下，或橫放在鉢單後面的鉢拭下方。

---

26 將碗中的飯七粒置於鉢刷的刷柄上，作為施與鬼神、鳥獸的食物，稱之為「生飯」，「出生」即漢傳佛教所說的「施食」。

折匙筯袋令小，插頭鉢後單下，或置鉢單之後，并鉢盂巾而橫安
矣。

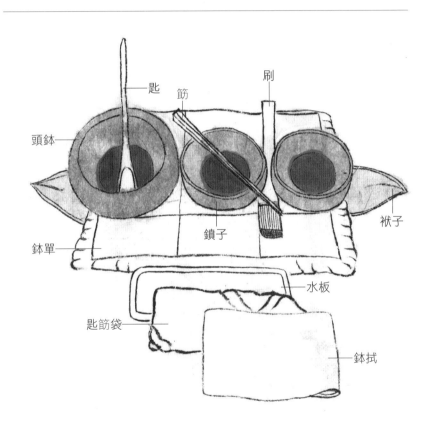

●展鉢，
　將疊放於鉢中各種大小不一的碗具一一展開。

如遇吉凶齋，設行香罷踞爐。行香時，舉手合掌，不得語笑點頭動身，當須默坐。次維那打槌一下曰：

稽首薄伽梵、圓滿修多羅[27]、大乘菩薩僧、功德難思議

今晨修設有疏，恭對雲堂，代伸宣表，伏惟慈證。宣疏罷曰：

上來文疏，已具披宣，聖眼無私，諒垂照鑒，仰憑尊眾念

用齋前的唱誦祈禱

遇到紀念日或忌日而有特別粥齋供養的場合，由施主擎香繞行禪堂「行香」、在香爐前長跪禮拜；行香時僧眾一起合掌，不可以嬉笑、說話、點頭、左搖右晃，必須端坐保持緘默。接著由維那敲槌一聲唱道：

「稽首薄伽梵、圓滿修多羅、大乘菩薩僧、功德難思議[28]

今天早上施主準備了供養品，也呈上說明供養主旨的表疏，謹代表施主向僧堂大眾宣讀，但願我佛慈悲，見證施主的誠心。」宣讀表疏之後，接著說：

「以上表疏，已全部宣讀完畢，佛眼公平無私，但願明鑒施主的誠心，在堂上僧眾合力加持之下，同聲恭誦諸

---

27 「稽首」為跪拜之禮，此處表示最敬禮，「稽」音同「啟」；「薄伽梵」（梵文 bhagavat）有離欲、自在、吉祥之意，為佛陀十號之一；「修多羅」為梵文 sūtra（經）漢字音譯。

28 此四句稱為〈歎佛偈〉。

此時大眾合掌，維那高聲念曰：

> 清淨法身毘盧舍那佛、圓滿報身盧遮那佛、千百億化身釋迦
> 牟尼佛[29]、當來下生彌勒尊佛、十方三世一切諸佛[30]、大乘《妙
> 法蓮華經》、大聖文殊師利菩薩、大乘普賢菩薩、大悲觀世
> 音菩薩、諸尊菩薩摩訶薩[31]、摩訶般若波羅蜜[32]

佛菩薩的尊號。」

此時僧眾一起合掌，在維那帶領下高聲唱誦十佛名：

> 「清淨法身毘盧舍那佛、圓滿報身盧遮那佛、千百億化
>
> 身釋迦牟尼佛、當來下生彌勒尊佛、十方三世一切諸佛、
>
> 大乘《妙法蓮華經》、大聖文殊師利菩薩、大乘普賢菩薩、
>
> 大悲觀世音菩薩、諸尊菩薩摩訶薩、摩訶般若波羅蜜[33]」

29 「法身」（dharma-kaya）指具足一切諸善法，「報身」（sambhoga-kaya）指通達諸法
實相而示現相好莊嚴，「化身」（nirmana-kaya）指修行圓滿而隨應眾生根機現種種形象，
或作「應化身」；毗盧遮那（Vairocana）為唐代所譯八十卷本《華嚴經》主佛，盧舍那
佛（Rocana）為東晉時所譯六十卷本《華嚴經》主佛，兩者都是太陽、光明遍照之意，
在梵本中為同一尊佛。
30 上座部佛教〈長部〉（Dīgha-nikāya）經典與漢譯《阿含經》皆提到未來娑婆世界人壽
八萬歲時會有彌勒佛降生，是釋迦牟尼佛的繼任者，「彌勒」梵文 Maitreya 意譯為「慈
氏」；「十方」指東、南、西、北、東南、西南、西北、東北、上、下等十個方位，「三
世」指過去、現在、未來，在佛教宇宙觀中，「十方三世」代表一切空間與時間。
31 文殊師利菩薩與普賢菩薩為釋迦牟尼佛兩旁的脅士（輔佐），分別代表智慧與行願，
「大乘普賢菩薩」或作「大行普賢菩薩」；觀世音菩薩代表慈悲。「菩薩」為「菩提薩埵」
（bohdhisattva）的略稱，意譯為「覺有情（覺悟的眾生）」；「摩訶薩」（mahāsattva）
為「摩訶菩提薩埵」略稱，指進入聖位的大菩薩。
32 「摩訶（mahā）」意為大，「般若」（prajñā）即智慧，「波羅蜜」（巴利文
parami），或作「波羅密多」（梵文 paramita），為菩薩所實踐的基本德目，共有六項，
稱六波羅蜜，分別是布施、持戒、忍辱、精進、禪定、般若。
33 十佛名的唱誦稱為〈供養偈〉。

下槌太疾，即打佛腳，下槌太慢，即打著佛頂。如遇尋常填設，即白槌曰「仰惟三寶咸賜印知」，更不歎佛也。

唱誦十佛名時，每一佛名維那敲槌一下，如果敲得太快，會在前一個佛名還沒結束就敲下去，敲得慢了，就會在後一個佛名已經開始唱誦時才敲下去，必須注意敲擊的節奏。如果是在一般吃粥用齋、沒有特別的表疏需要宣讀的場合，維那即直接敲槌唱道「伏願佛、法、僧三寶都能認可大眾的誠心」，接著眾人一起唱誦十佛名，但略過「稽首薄伽梵」等四句〈歎佛偈〉。

十聲佛罷，打槌一下。首座施食。粥時曰：「粥有十利 十利者，一者色，二者力，三者壽，四者樂，五者詞清辨，六者宿食除，七者風除，八者飢消，九者渴消，十者大小便調適——《僧祇律》[34]，饒益行人，果報無邊，究竟常樂。」齋時曰：「三德六味 三德者，一輕軟，二淨潔，三如法作；六味者，一者苦，二醋，三甘，四辛，五鹹，六淡——《涅槃經》[35]云云，施佛及僧，法界有情，

唱誦「施食之偈」

十佛名唱誦完畢後，維那敲槌一聲，由首座和尚唱誦「施食之偈」，早粥的場合唱的是：「吃粥有十種功德 所謂十種功德，一者臉色紅潤，二者充滿力氣，三者可以延壽，四者消除痛苦，五者口齒清晰，六者去除胸悶腹脹，七者緩解傷風感冒，八者療飢，九者解渴，十者大小便通暢——《僧祇律》，利益修行人，達成的果報不可計量，獲致絕對的輕安喜樂。」

午齋的場合唱的是：「具有三德、六味的食物 所謂三德，一是輕軟，二是淨潔，三是依照佛陀的教法製作；所謂六味，一是苦味，二是酸味，三是甜味，四是辣味，五是鹹味，六是淡味——《涅槃經》，施與諸佛菩薩、僧侶以及世上眾生，全都能獲得平等的供養。」

---

34 《僧祇律》全稱《摩訶僧祇律》，意為「大眾律」，東晉法顯與佛陀跋陀羅合譯，共四十卷。
35 出自《大般涅槃經》卷一〈序品〉。

普同供養。」
首座合掌引聲而唱；首座若不赴堂，次座³⁶唱之。

　　唱誦「施食之偈」時，首座和尚要合掌並拉長聲音；如果首座和尚因事不在僧堂，則由次座（書記）代誦。

---

36 修行僧中位於首座之下者稱之為次座，此處指書記。

施食訖，行者喝食入。喝食行者先入前門，向聖僧問訊訖，向住持人前；問訊住持人訖，到首座前問訊訖，到前門內南頰板頭[37]之畔，面向聖僧問訊訖，叉手而立[38]喝食。喝食須言語分明，名目不賺。若有差悮，受食之法不成，須令再喝。食遍，維那白食槌一下，首座揖食，觀想訖，大眾方食。

報告品項與喝令程序

首座和尚唱誦「施食之偈」後，喝食行者即進入僧堂，準備開始指揮用餐程序。喝食行者從正門進來，先向佛像行禮問訊，接著從佛像後方繞到住持和尚前行禮；向住持和尚行禮後，接著向左兩三步，對首座和尚行禮，再走回到正門內靠南的板頭旁邊，面向佛像再度問訊，之後叉手而立，開始報告食物品項、喝令用餐程序。

下口令要字句分明，食物和動作的名稱也不可以報錯；如果發生錯誤，導致大眾無法正確分配到食物，必須立刻糾正，重新發出正確的口令。當食物都分配妥當了，維那即敲一下「遍食槌」，首座及全體大眾對食物叉手作揖，並心中默想膳食的功德，之後才開始用齋。

37 「板頭」又稱「板首」，為僧堂內每一排牀席的首位，依不同位置，分為首座、西堂、後堂等；正門內側南頰的板頭為西堂的席位。
38 左手拇指置於掌心，握拳，再以右手五指包覆左拳，抱於胸前，稱為「叉手」。

維那於聖僧帳後轉身，問訊首座，乃請首座施財也。却歸槌本位，打槌一下，首座施財曰：「財法二施，功德無量，檀波羅蜜[39]，具足圓滿。」

唱誦「施財之偈」

維那從槌砧的位置繞經佛像後方，來到首座和尚跟前合掌問訊，表示要恭請首座和尚唱誦「施財之偈」。

維那隨後回到槌砧的位置，敲槌一下，首座和尚即開口唱道：「施主布施財物、師僧布施教法，兩種布施的功德都無可計量，但願所有布施都能獲得圓滿成果。」

---

39 菩薩所實踐的六項基本德目「六波羅蜜」中，第一項「布施波羅蜜」梵文作 dana-paramita，音譯為「檀波羅蜜」。

行食之法：行食太速者，受者倉卒；行食太遲，坐久成勞。行食須淨人[40]手行，不得僧家自手取食。淨人行益，始自首座，次第而行，歸于住持人行益。淨人禮合低細，羹粥之類不得污僧手及鉢盂緣；點杓三兩下，良久行之。曲身斂手，當胸而行。粥飯多少，各隨僧意。不得垂手提鹽醋桶子。行益處如嚏噴咳嗽，當須背身。舁[41]桶之人法，須如法。

食物分配的規矩

　　分配食物的規矩：打飯、打菜、舀湯速度太快，用齋的人會吃得很倉促；速度太慢，導致大家久坐疲倦。打飯、打菜、舀湯必須由負責的行者來做，不得由僧眾自己出手取用。淨人搬運、分配食物，從首座和尚開始，次第分配給僧眾，最後回到住持和尚。淨人的動作應該輕細和緩，不能讓食物滴濺到受食者的手或鉢盂邊緣；杓子舀起食物後，先上下點兩三下，稍待一會兒才裝進鉢盂餐具上。盛裝食物時需放低上身，雙手貼近身體，約當胸部高度。粥、飯分量多少，隨受食者的意思。提著裝了鹽或醋的桶子時，也不可以將手垂下。分配食物途中，如果忍不住噴嚏或咳嗽，當即背過身去。裝飯、菜的桶子如果由兩個行者合力搬扛，同樣要依照以上的規定來做。

---

40 「淨人」原指在寺院中服務的居士，他們未出家受戒，可以執行僧眾因受戒律限制不能做的日常事物，比方收受財帛、管理寺產等；此處特指在僧堂協助食物分配的行者。
41 「舁」音「于」，兩人或多人扛抬。

受食之法：恭敬而受。佛言「恭敬受食」，應當學[42]。若食未至，莫豫申其鉢乞索。兩手捧鉢，低手捧鉢離鉢單，平正手鉢盂而受。應量而受，勿教有餘。或多或少，以手遮之。凡所受食，不得把匙、筯於淨人手中自抄撥取，不得過匙、筯與淨人，令僧食器中取食。

接受食物分配的規矩

接受食物分配的規矩：必須懷著恭敬感恩之心接受食物。佛說「恭敬受食」，應當謹記在心。

分配飯菜的淨人還沒來到自己面前時，不可預先拿起鉢盂伸手索取。捧鉢必須用雙手，稍稍從鉢單舉起，將鉢盂持平受食。應接受自己所需分量，不留剩菜剩飯；要多一點或少一點，以手勢表達，分量夠了即以手遮住鉢盂。

不可自己拿木匙或竹筷向淨人手中的桶、盆挖舀或夾取，也不可將自己的匙、筷交給淨人，讓他們拿取自己鉢盂裡面的食物。

42 道元於《赴粥飯法》中凡是引用「佛言」或「古人云」，都是出自《四分律》卷十九〈式叉迦羅尼法〉（梵文 śikṣā-karani，即「眾學」，或譯「應當學」），乃防止觸犯突吉羅罪（梵文 duskrta，即不恰當的言行，屬於輕罪）之戒法，《四分律》總括為百戒，通稱〈百眾學〉。

古人云:「正意受食,平鉢受羹飯,羹飯俱食,當以次食。」不得以手拄膝受食。若淨人倉卒,餅屑及菜汁等逬落椀器中,必須更受。維那未白遍槌,不得擎鉢作供養。

———

　　古人曾說:「正心誠意地接受食物,捧鉢盂食器要平正,羹湯、飯菜都要吃,並依照次序進餐。」吃的時候手臂不可以靠在膝腿上。如果淨人動作太快,餅屑、菜湯等掉落碗盤中,必須請淨人重新做一次。維那還沒敲打「遍食槌」之前,大眾不可以提早舉鉢做供養的動作。

候聞遍槌，合掌揖食，次作五觀：

一、計功多少，量彼來處

二、忖己德行，全缺應供

三、防心離過，貪等為宗

四、正事良藥，為療形枯

五、為成道故，今受此食

食前五種觀想

待敲過遍食槌後，大眾合掌對食物垂首作揖，接著開始進行五種省思觀想：

一、想到這些食物經過多少人的努力準備、烹煮才能來到鉢盂之中，也要理解所有的食材是經過多少過程才能來到這裡；

二、這些食物來自許多人的發心供養，必須反省自己的修行成果是否值得別人的付出；

三、要注意防止心念渙散，以免陷入貪吝、嗔怒、愚癡的過失，在用齋的場合同樣要避免對食物起任何貪、嗔、癡念；

四、吃下這些食物，猶如吞服良藥，只是要防患身體病弱枯槁；

五、今天得以領受這些食物供養，完全是為了成就佛道此一終極目標。

然後出觀。未出作觀，不得出生。次出生，以右手大指、頭指取飯七粒，安鉢刷柄上，或安鉢單之緣。凡出生飯，不過七粒；餅麵等類，不過如半錢大 而今粥時不出生，古時用之；不得以匙、筋出生。出生訖，合掌默然。

對鬼神施食的儀式

　　靜心完成以上五種省思後，心念再度回到眼前的現實。在五觀進行期間，不得同時對鬼神眾施食。接著進行施食的儀式，以右手拇指、食指取飯七粒，放在鉢刷的刷柄上，或置於鉢單邊上。鬼神施食以不超過七粒為原則；如果是施餅、麵，則以半個銅錢大小為限 現在早粥時不做施食，但以前是有的；又，不得用匙或筷施食。施食完畢後，大眾合掌默然而坐。

早晨喫粥之法：受粥於頭鉢，而安鉢揲[43]上。時至，以右手把頭鐼，而平左掌以安之，指頭少龜而拘鐼。次右手把匙，舀受頭鉢之粥於頭鐼。此時，近鐼於頭鉢之上肩，舀取七八匙許，就頭鐼於口，而用匙以喫粥。如是數番，盡粥為度。然後，頭鉢之粥稍將盡之時，安頭鐼之粥於鉢單。次把頭鉢，而喫盡其粥訖，使刷罷安頭鉢於鉢揲。次把頭鐼而喫盡其粥訖，使刷教淨，且待洗鉢水矣。

早齋的規矩

　　早齋吃粥的規矩：讓淨人將粥舀在應量器中最大的鉢「頭鉢」中，裝好後置於鉢碟上。五觀結束，早齋時間開始，以右手拿起頭鐼「次鉢」，置於攤平的左手掌上，左手拇指稍微彎曲以固定頭鐼。接著用右手拿木匙，將頭鉢中的粥舀到頭鐼裡面。舀粥時要將頭鐼接近頭鉢左側，舀取七、八匙左右，然後將頭鐼舉到嘴邊，以匙吃粥。同樣的動作重複幾次，直到將粥全部吃完。

　　當頭鉢已幾乎舀空時，將頭鐼放在作為餐巾的「鉢單」上，然後拿起頭鉢，將裡面剩下的粥吃乾淨，再用鉢刷清理好，放鉢碟上；接著拿起頭鐼，將剩下的粥吃完，同樣用鉢刷加以清理好，放回鉢單上，等待分配洗鉢水。

---

43 「揲」同「碟」，鉢揲是安放應量器的小碟，又稱鉢支。

齋時喫食之法：須擎鉢盂而近口而食。不得置鉢盂於單上，將口就
鉢而食。佛言：「不應憍慢而食，恭敬而食；若現憍慢相，猶如小
兒及婬女。」鉢盂外邊，半已上名淨，半已下名觸[44]。以大拇指安
鉢盂內，第二、第三指傅鉢盂外，第四、第五指不用。仰手把鉢盂、
覆手把鉢盂之時皆如是。

午齋的規矩

　　午齋的用餐規矩：必須舉起鉢盂就口而食，不許將鉢盂
放在鉢單上，嘴巴就鉢而食。

　　佛曰：「吃東西不可以帶著傲慢的態度，必須恭敬領受；
若顯露出傲慢的臉色，就像不懂事的小孩或無節操的女子。」

　　鉢盂外緣，上半部為「淨」，下半部為「觸」。以大拇
指放在鉢盂靠自己這邊，食指、中指放在鉢盂另一邊，不使
用無名指和小指。

　　不管是手掌朝上拿鉢盂，或是手掌朝下取鉢盂，都要遵
守這個原則。

44「觸」指觸穢、不淨。

遐尋西天竺[45]之佛儀，如來[46]及如來弟子右手搏飯而食，未用匙、筯，佛子須知矣。諸天子及轉輪聖王[47]、諸國王等，亦用手搏飯而食，當知是尊貴之法也。西天竺病比丘用匙，其餘皆用手矣。筯未聞名、未見形矣。筯者，偏震旦[48]以來諸國見用而已。今用之，順土風方俗矣。既為佛祖之兒孫，雖應順佛儀而用手以飯，其儀久廢，無師溫故，所以暫用匙、筯，兼用鑷子矣。

印度禮儀與東傳後的變革

我查了一下印度早期佛教的規定，佛陀和他的弟子們都是以右手將米飯捏成一團放入口中，並未使用匙、筷，這是作為佛陀信徒的我們必須知道的。那裡上自天子、轉輪聖王乃至各國國王，也都是以右手將米飯捏成一團放入口中，可知這也是一種尊貴的習慣。在印度，除了生病的比丘拿匙進食，其餘一律直接用手吃飯，既沒聽過也沒見過筷子。筷子是漢地及受漢文化影響的地區才會使用的餐具。如今我們使用筷子，無非隨順在地的風俗習慣罷了。既然作為佛祖的兒孫，理當遵照佛祖的做法，直接用手吃飯，但因為這個規矩失傳已久，沒有熟悉古代儀節的師父，所以只好暫時使用匙、筷和各種形制的鉢盂。

---

45 「天竺」為印度或印度河對應字 Sindhu 或 Hindu 的漢字音譯，或作「身毒」、「賢豆」。
46 「如來」梵文作 Tathāgata，為 tathā（如）與 āgata（來）的組合字，佛陀的十種德號之一。
47 「轉輪聖王」為印度神話中以正法統治世界的理想王、哲王。
48 「震旦」（梵文 Cīna，語源或為「秦」）乃古代印度對中國的稱呼，或作「神丹」、「支那」。

把鉢放鉢，兼拈匙、筯，勿教作聲。不得挑鉢盂飯中央而食。無病不得為己索羹飯。不得以飯覆羹更望得。不得視比坐鉢盂中起嫌心，當繫鉢想食。不得大搏飯食。不得搏飯擲口中。不得取遺落飯食。不得嚼飯作聲。不得噏[49]飯食，不得舌舐食。佛言：「不得舒舌舐唇口而食。」應當學。不得振手食，不得以臂拄膝食。不得手

用餐的戒律禮儀

　　取鉢、放鉢還有拿匙、筷時，不可發出聲音。不可以專挑鉢盂中央的食物吃。身體沒有病痛不可以額外索討飯菜。不可以將飯蓋住菜然後索取更多的菜。不可以看鄰座鉢盂中食物而起厭惡之心，應當專注於自己鉢中的食物。不可將飯弄成一大團來吃。不可以將飯弄成一團丟進口中。不可以吃掉落的飯菜。嚼飯菜不可以發出聲音。飯菜不可以吸著吃，也不可以拿舌頭舐取食物。佛曰：「吃飯時不可以伸出舌頭舐嘴唇。」應該記住並好好遵守。

　　吃飯時手不可以左搖右擺，也不可以將手臂撐在膝蓋上。不可以剁碎食物來吃。佛曰：「不可以用手攪拌打散餅、飯來吃，這樣做跟雞鴨禽鳥沒有兩樣。」不可以拿髒手拿取食

---

49 同「吸」。

爬散飯食。佛言：「不得以手爬散餅飯而食，猶如雞鳥。」不得
污手捉食。不得大攪及歠[50]飯食作聲。佛言：「不得作窣都婆[51]形
而食。」不得將頭鉢盛濕食。不得將羹汁頭鉢內淘飯。不得旋菜
羹而盛頭鉢內和飯喫。不得大銜飯食，如獼猴藏而嚼。

物。不可以用力攪拌或吸食飯菜發出聲響。

佛曰：「不可以將飯盛得像土饅頭那樣。」頭鉢不可以
盛放醬菜、羹湯等水分較多的食物。不可以舀湯汁澆頭鉢中
的飯加以攪拌。不可以將醬菜、湯汁整個倒進頭鉢內和飯攪
拌來吃。

嘴巴裡面不可以一次塞太多食物，猶如將食物藏在兩頰
之後再慢慢嚼食的獼猴一樣。

---

50 音「綽」，吸食、啜飲之意。
51 窣都婆（梵文 stūpa），「窣」音「素」，又作窣堵波、浮圖、塔婆，奉安佛物或經文
的建築，形如覆碗或覆鐘。

凡喫飯食，上下莫教太急太緩。切忌太急食訖，拱手視眾。未喝再請，不得刷鉢盂食念吞津。不得輒剩索飯羹食。不得抓頭令風屑墮鉢盂及鐼子中，當護手淨。不得搖身捉膝、踞坐欠伸及摘鼻作聲。如欲嚏噴當掩鼻。如欲挑牙須當掩口。菜滓菓核安鉢鐼後屏處，以避鄰位之嫌。如鄰位鉢中有餘食及菓子，雖讓莫受。

特別注意的用餐習慣

吃粥用齋的時候，座位不管是位於北面的上間或南面的下間，進行速度要彼此協調，不要有的快有的慢。絕對不要急匆匆吃完，然後無所事事看別人吃。喝食行者還沒下「再請」的口令添粥加飯與羹湯前，不可拿鉢刷去刷鉢盂裡面的飯粒、菜渣，也不可心裡想著添菜加飯而吞口水。如果鉢盂裡面還有食物沒吃完，不可於「再請」的時候索取更多飯菜羹湯。

不可抓頭，以保持手的潔淨，也避免頭皮屑掉落鉢盂盤碟中。身體不可左搖右晃，或是以手抱膝、蹲坐、伸腿、打呵欠，或擤鼻涕發出聲響。如忍不住打噴嚏時要記得遮住鼻子。如果要剔牙必須以手遮住嘴巴。菜渣、果核要放在鉢盂後面不顯眼的地方，免得影響鄰座的食慾。

如果鄰座鉢中還有菜飯、水果、甜點吃不完，即使要讓給你也不可接受。

熱時堂內令行者使扇。如鄰位有怕風之人，不得使扇。如自己怕風，白維那，在堂外喫食。

或有所須，默然指受，不得高聲呼取。食訖，鉢中餘物，以鉢拭淨而食之。不得大張口滿匙抄食，令遺落鉢中及匙上狼藉。佛言：「不應豫張其口待食。」不得含食言語。佛言：「不應以飯覆菜，不得

　　僧堂內如果太熱，可以麻煩行者搧大團扇；鄰座可能怕風，所以個人不可使用扇子。如果有人怕風，可告知維那，自己出堂在室外用齋。

　　有任何需要，都要默默以手勢表達，不得高聲呼喊。吃飽後，鉢中殘餘的東西用鉢刷刷取然後吃乾淨。不可用木匙舀起滿滿食物大口大口地吃，以免飯粒、菜屑到處掉落一片狼藉。

　　佛曰：「不可先打開嘴巴在那邊等待食物。」嘴裡有食物時不可以說話。佛曰：「不應該用飯蓋住菜，也不可以用菜蓋住飯，然後要求分外的飯菜。」

　　一定要牢記並遵守。

將羹菜覆飯，更望多得。」應當學。佛言：「食時不彈舌而食，不喉而食，不吹氣熱食而食，不呵氣冷食而食。」應當學。粥時喫粥訖，鉢盂及鐼子應使刷矣。

　　佛曰：「用齋時舌頭不可以嘖嘖作聲，喉嚨也不可以發出聲音。不可呵氣讓食物變熱或吹氣讓食物變冷。」應當要注意。吃早粥的場合，粥吃完後，也是要拿鉢刷將鉢盂盤碟刷乾淨。

凡一口之飯，須三抄食。佛言：「食時不極小搏、不極大搏，圓整而食。」令匙頭直入口，不得遺落。不得醬片飯粒等落在淨巾上。如有遺落食在巾上，當押聚安一處，付與淨人。飯中如有未脫穀粒者，以手去穀而食，莫棄之，莫不脫喫。《三千威儀經》曰：「若見不可意，不應食，亦不得使左右人知。又食中不得唾。」[52]

其它用餐細節

每一口飯的分量，要以木匙舀三次，佛曰：「用齋時，每一口飯的分量不宜太少，也不宜過多，應捏成適度大小的一團再放進口中。」要將飯放在木匙前端直接送入口中，不要讓飯粒掉落。不可以讓味噌、醬菜或飯粒等掉落在膝上的淨巾。如果有食物不小心掉落巾上，應將它們撥在一處，交給淨人處理。

米飯如果還有沒脫殼的，以手去殼再吃，不要丟棄，也不要不去殼就吃。

《三千威儀經》上面說：「如果看到飯裡面有沙子或小蟲等就不要吃，也不要讓左右鄰座知道。另外吃飯時不可以吐痰。」

---

52 《三千威儀經》全名《大比丘三千威儀經》，引文出自第二卷。

上座前鉢鑕之中，如有餘殘飯食，不得畜收，須與淨人。食訖作斷心，不得咽津。凡有所食，直須法觀應觀不費一粒之道理，迺是法等、食等之消息也。不得用匙、筯刮鉢盂鉢鑕作聲，莫損鉢光。若損鉢光，鉢受垢膩，雖洗難洗。頭鉢受湯水喫，不得口銜湯水而作響。不得吐水於鉢盂中及餘處。以淨巾不得拭面、頭與手矣。

　　自己座前的鉢碗中如果有剩菜剩飯，不可留著，必須交給淨人。用齋結束後，不可又生貪吃的念頭，還因想吃而吞口水。不管吃什麼東西，在理念上與實際想法上都要體會不可浪費一粒米的道理，因為這就是一開始所說的「若是對世上森羅萬象皆能平等視之，則看待飲食亦將如是」。

　　不可拿匙、筷刮鉢盂碗碟而發出聲音，損傷食器光澤。食器一有刮痕，即容易藏污納垢，不容易清洗乾淨。

　　以頭鉢盛熱水喝時，不可以讓含在嘴裡的水發出聲音。不可以將水吐在鉢盂或其它地方。

　　不可用淨巾擦臉、頭或手。

洗鉢之法：先收衣袖，莫觸鉢盂。頭鉢受水今用熱湯，用鉢刷誠心右轉于頭鉢而洗，教除垢膩令淨。移水頭鐼，左手旋鉢，右手用刷，洗鉢盂外兼鉢盂內。如法洗訖，左手托鉢，右手取鉢拭；教展鉢拭蓋鉢，兩手把鉢，順而輪轉拭而教乾。然後，鉢拭且安鉢盂內，勿教出外。安鉢盂於鉢揲上，次洗匙、筯於鉢鐼。洗訖拭於鉢拭，此

清理食器的規矩

洗鉢的規矩：先收攏法衣的袖子，不要讓袖子拂觸到鉢盂。以頭鉢裝水，如今使用熱水，用鉢刷朝右方旋轉仔細清洗，務必刷除所有垢膩。接著將水倒進頭鐼，以左手旋轉鉢碗，右手用鉢刷，將鉢碗外側和內面都刷洗乾淨。

依照這些原則清洗之後，以左手托鉢，右手取擦拭鉢盂的布巾「鉢拭」，將其攤開覆蓋鉢上，然後用兩手持鉢，順序轉動將鉢盂擦乾。

完成後鉢拭暫時放在頭鉢裡面不要拿出來，再將頭鉢置於安放應量器的小碟「鉢碟」上，然後用頭鐼中的熱水以鉢刷清洗匙與筷。

洗好後用鉢拭擦乾，此時不要將鉢拭全部拿出頭鉢。

間莫教鉢拭全出於鉢盂外。拭匙、筯以盛匙筯袋，而橫安頭鐼之後。次洗頭鐼於第二鐼之時，以左手把合頭鐼之與鉢刷而略提，以右手把第二鐼，而安頭鐼之位，然後渡水而洗頭鐼。洗第二、第三鐼準之。不得洗鐼子、匙、筯於頭鉢內。先洗頭鉢，次洗匙、筯，次洗頭鐼，次洗第二鐼，次洗第三鐼。拭而極乾，如本收於頭鉢內，次拭鉢刷盛袋。

匙、筷擦好後裝進匙筯袋，並橫放在頭鐼之後。接下來要在第二鐼中清洗頭鐼時，先以左手同時拿著頭鐼與鉢刷並略微提高，再用右手將二鐼放到原來頭鐼的位置上，然後倒頭鐼中熱水於二鐼，再開始清洗頭鐼。二鐼、三鐼的清洗方式也是依照同樣手順。不可在頭鉢裡面洗鐼碗、匙、筷。先洗頭鉢，接著洗匙、筷，然後洗頭鐼、二鐼、三鐼。

用鉢拭將這些鉢盂徹底擦乾，再依原樣收放到頭鉢中，最後擦乾鉢刷，將其收納到匙筯袋。

鉢水未折，不得摺淨巾。鉢水之餘，不得瀝牀下。佛言：「不得以
殘食置鉢水中。」應當學。待折鉢水桶來，先合掌，而應棄鉢水於
折鉢水桶。不得教灑鉢水於淨人衫袖。不得洗手於鉢水，不得棄鉢
水於不淨地。

處理洗鉢水的規矩

洗鉢水未回收之前，不可以折疊鋪展在膝蓋上的淨巾。
洗鉢水不得潑灑在禪牀下[53]。佛曰：「吃剩下的食物，不可以
放入洗鉢水中。」大家應該記住並遵守。當淨人提著回收洗
鉢水的木桶過來時，先合掌為禮，然後將洗鉢水倒在桶中。
注意不要讓洗鉢水沾到淨人的衣袖。不可以用洗鉢水洗手，
也不可以將洗鉢水倒在不淨之處。

---

53 洗完鉢的熱水原則上是要喝掉，如果還有剩餘，可以讓淨人回收。

頭鑕以下，兩手大指迸安鉢盂內。次仰左手把鉢，安複帕中心，覆右手以把近身單緣，蓋鉢盂上，兩手疊鉢單安鉢盂口。次以向身帕角覆於鉢上，又以垂牀緣帕角向身重覆之[54]。次以匙筯袋安淨巾上。古時安鉢刷於帕上，今者盛鉢刷於匙筯袋。次以鉢拭蓋覆於匙筯袋上。次以左右手取左右帕角，次結于鉢盂上之

收納食器的規矩

頭鑕以下的鉢盂，用兩手大拇指一起拿取，順序疊放在頭鉢之中。

接著左手掌朝上托著頭鉢，將之放在兩條疊放的方巾「複帕」中央，同時右手掌朝下，抓住餐巾「鉢單」靠右手方向的邊緣將之抽出，在頭鉢上方以雙手折疊好，然後置於頭鉢之上。

接著提起複帕靠自身這邊的一角蓋覆頭鉢，再提起垂於牀緣的一角重複蓋其上。之後將匙筯袋安放於淨巾上。

古時直接安鉢刷於複帕上，如今則是將鉢刷裝進匙筯袋中。接著將拭鉢的布巾攤開覆蓋於匙筯袋上。再來以左右手各提著複帕的左右角，在頭鉢上方中央打結。

---

54 長蘆宗賾《禪苑清規・赴粥飯》於此處尚有「然後疊淨巾兼匙筯袋、鉢刷在帕上，以鉢拭覆之」，白話譯之為「然後將覆於膝上的淨巾橫折為二、縱折為三，同時匙筯袋、鉢刷置於帕上，以鉢拭加以覆蓋」。

中央。所結帕角之兩端，同垂於右矣，一記鉢盂近身之方，一為容易解帕也。複鉢盂訖，合掌默然而坐，聞下堂槌 聖僧侍者打之。

打好結的複帕兩角其前端都垂向右邊，這一方面展鉢時很容易知道哪一面要靠向身體這邊，另一方面也比較容易拆解。

將鉢盂包好之後即合掌為禮，靜坐莫出聲，聽取「下堂槌」作為離開僧堂的信號 下堂槌由聖僧侍者負責敲打。

聖僧侍者在堂外堂頭侍者[55]下頭坐。欲打槌時，先起座下牀問訊，合掌入堂內，聖僧前問訊，經香臺南邊，而到槌之西邊，向槌問訊。又手且待住持人及大眾複鉢訖，進槌一下，然後合掌；次蓋槌之袱子訖，又問訊 今案吉祥。聞此槌，維那作〈處世界〉梵[56]。是用祥僧正[57]之古儀也，依之暫從隨。

齋後的唱誦

聖僧侍者坐在外單堂頭侍者的下方處。將打槌時，先起座下禪牀行禮問訊，然後合掌入僧堂，在佛像前方問訊，繞經香臺南側，轉到槌砧的西側，向槌砧問訊。

這時先雙手握拳抱於胸前，待住持和尚及其他同修大眾收好應量器，即敲槌一下，然後合掌；待槌砧蓋上布巾，再度問訊 此為今日吉祥山永平寺的做法。

聽到此槌聲，維那和尚即開始〈處世界〉梵唱；唱誦〈處世界〉梵唄乃是榮西禪師訂下來的老規矩，永平寺暫時遵照進行。

55「堂頭」即住持和尚，堂頭侍者負責住持和尚身邊雜務，可分燒香、書狀、請客、衣鉢、湯藥等五種。
56〈處世界〉梵唱內容為：「處世界如虛空，如蓮華不著水，心清淨超於彼，稽首禮無上尊。」出自《超日明三昧經》卷一。
57「用祥僧正」即「葉上僧正」（發音相同通假），「葉上」為榮西禪師別名。

其後住持人出堂。住持人下椅子，問訊聖僧時，聖僧侍者退槌邊，避身於聖僧帳後，莫教住持見。次大眾起身掛鉢。先兩手擎鉢起位，順轉身向掛搭單，左手托鉢，右手掛鉤。然後合掌，順轉身向牀緣下牀。徐徐垂足而下牀，著鞋問訊。問訊上下肩。如堂內大坐湯[58]，入堂、出堂、上牀、下牀，並如此式。次收蒲團於牀下而出堂也。

離開僧堂的規矩

之後為住持和尚出堂。住持和尚從禪凳上下來，合掌垂首向佛像問訊時，侍者從槌砧旁邊後退，隱身於佛像背後所懸的幡帳後方，莫讓住持和尚看見。住持和尚走出僧堂後，其他僧眾即從座上起身掛鉢盂。首先兩手捧鉢，從禪牀上起身，轉向右後方面對寫有自己名牌的掛搭單，以左手托著鉢盂，右手將扭結掛到鉤上。掛好後合掌為禮，再轉過身來面向牀緣，然後下禪牀。緩緩放下雙腳，穿好鞋履，合掌垂首。這是向左右鄰座問訊之意。

禪堂內如果有特別的茶湯儀式，所有入堂、出堂、上牀、下牀的規矩，都與用齋的場合一樣。最後將蒲團收納於禪牀下方，順序走出僧堂。

---

58 禪寺於夏安居的開始與結束（結夏、解夏）、冬至、元旦等四節日，為修行僧設辦茶湯儀式，喝煎茶、吃果子點心；亦有學者認為「湯」特指養生的湯藥。

粥後放參，即住持人出堂，打放參鐘三下。如遇早參，更不打鐘。如為齋主，三下後陞堂，亦須打放參鐘。又大坐茶湯罷，住持人聖僧前問訊出，即打下堂鐘三下。如監院首座入堂前點，送住持人出，卻來堂內，聖僧前上下間問訊罷，盞槖[59]出方打下堂鐘三下，大眾方可下牀。出堂威儀並如入堂之法。一息半步，出定人步法也。　■

放參信號與出堂步法

　　早粥之後，於住持和尚出僧堂時敲放參鐘三下。若早粥之後住持和尚還有開示，則不敲放參鐘。如遇施主供養修行僧而有特別的講經說法，敲鐘三下後，僧眾齊赴法堂，但因不是針對修行僧的法語開示，所以還是要敲放參鐘三下。

　　如果是住持和尚為全體修行僧設辦茶湯之會，結束時住持和尚在佛像之前合掌低頭問訊，然後離開僧堂，此時敲下堂鐘三下。若是監院或首座和尚設辦茶湯之禮的場合，送住持和尚出僧堂後，即回到堂內，於佛像之前向兩側僧眾合掌垂首。當茶碗、茶托都拿到堂外清理時，敲下堂鐘三下，僧眾才可從禪牀下來。

　　出堂的規矩一如入堂。每一呼吸前進半步，這和坐禪結束出定後走路的方式是一樣的。　■

59「盞」為茶杯，「槖」乃「橐」異體字，音「陀」，高腳茶托。

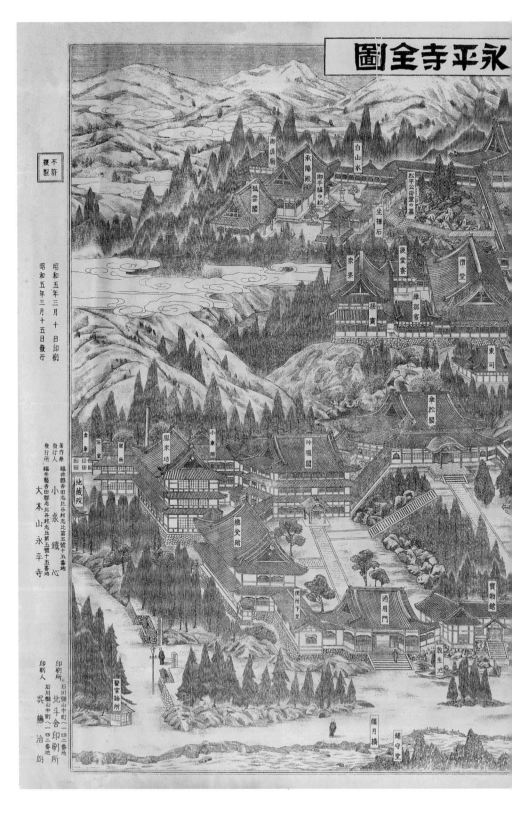

永平寺全圖

白山水
御真廟
松平公母堂の墓
承陽殿
御手植の松
孤雲閣
坐禅石
僧堂
後堂寮
東司
衆寮
楼寶
維那寮
傘松閣
小庫院
玲瓏閣
鳳來坊
倉庫
祠堂
僧所
地蔵院
總受所
使所下足
通用門
寶物館
放生池
擎官詰所
偃月橋
鎮守堂

不許
複製

昭和五年三月十日印刷
昭和五年三月十五日發行

著作兼
發行人 福井縣吉田志比谷村志比第五號十五番地
　　　　小　泉　鐵　心
發行所 福井縣吉田郡志比谷村志比第五號十五番地
　　　　大 本 山 永 平 寺

印刷所 石川縣山中町(一)四二番地
　　　　北 斗 舍 印 刷 所
印刷人 石川縣山中町(一)四二番地
　　　　吳 藤 治 朗

● 每年春天在永平寺山門前等待入內的新參僧

後記

時節因緣

　　禪是源自印度次大陸的佛教在中土開出的奇花異卉，於唐、宋大盛，並在日本開枝散葉，最後自成風光，影響不僅限於宗教，甚至成為其美學的原點。

　　時移世易，因嬉皮運動而一世風靡的禪，媒介者盡是日本禪師，漢語世界熟知的「禪」、「公案」等用語，在歐美的媒體與字典上變成了陌生的 Zen 與 Koan；流風所及，以鈴木大拙（Suzuki Daisetsu）為首的許多英文禪學著作被大量翻譯成中文，在許多愛書人和文青的書架上總是有一席之地，我亦不例外。看儘管看了，對禪修也產生憧憬與想像，卻僅止於知識上的虛榮與滿足。

　　上個世紀的八〇年代，偶然在 NHK 的報導特集中，看到一群年輕僧侶，並排站在一座寺院山門前，四周是及膝的積雪，報導的旁白說：「清早的氣溫，低於零下十度。」僧侶們做行腳僧打扮，身穿一般僧衣，頭戴竹片編成的笠子，胸前、背後掛搭著各式行李，腳上套著布襪和草鞋。他們輪流敲打掛在山門外的木板，請求收容入內，但久久沒有回應。漫天飛雪仍不停飄降，僧侶們兀立不動，可以想像他們身體

的僵硬，而腳掌恐怕早已失去知覺。不禁聯想到神光法師，也就是後來的二祖慧可，為了求達摩接引而獨立深雪一整晚的故事。

這是我第一次知道永平寺，但也就是這樣而已。後來在台灣北部萬里山區一位禪師座下皈依，也打過幾次禪七，但天生駑鈍、懵懵懂懂，心外求法、尋尋覓覓，總是不得其門而入。一路上巡禮過許多寺院、聖地，輾轉於台灣、大陸、日本、韓國、印度、西藏、斯里蘭卡之間，不知道為什麼，隆冬「新到上山」的永平寺，在我心中也總有一個特別的位置。

• • •

我的皈依師父在法脈上是臨濟宗傳承，接引初心者卻溫厚柔緩，儘管每天要坐十幾炷香，又是數息又是看話頭，一天下來監香師的警策（香板）固然也霹靂啪啦沒停過，但完全沒有臨濟禪聞名的「棒」、「喝」那種迅猛與凜冽。雖然也

聽說過曹洞宗，但在臨濟眼中，曹洞的「默照禪」、「只管打坐」多少帶點貶意，加上因緣未具，於是平白又多一無知。

　　1995年二月，從京都搭雷鳥號穿行豪雪的北陸平野，終得第一次朝禮永平寺，來到與記憶中畫面一模一樣的山門前，然後自己真的是冷得像根冰棒，只得放棄思考。意外的是，嚴寒如此又地處偏遠，且不像京都、奈良那些知名寺院，從建築到內供的佛菩薩像尋常皆是國寶，永平寺雖有七百多年歷史，建築也一遵古制，但因戰亂與火災不斷，山中諸堂都是近世以降所建，談不上年代久遠，裡面的造像亦然，無一政府指定

國寶,然朝禮人潮不斷,「桃李不言,下自成蹊」,深知其中必有緣故。

印象更深刻的是,在知客僧引領下,大家靜靜地沿著迴廊,循序參拜七堂伽藍,不管是僧堂、法堂、庫院,在在處處發散著生活的光澤與氣息,給人一種荒僻山村拜訪舊友般的親切,和京都、奈良寺院流露的那種博物院般殿堂之感成為明顯對比。前者是修行和生活的,而後者彷彿只是用來展示並收取各種名目的「拜觀料」。

之後只要有關西、近畿行程,總會設法順道走訪永平寺,也因為隨著年歲漸長,個人在信仰和修持的追尋上逐漸趨向素樸和清簡一路,而上座部佛教與曹洞宗特別深得我心。

永平寺是日本曹洞宗大本山,常年大約有兩百名雲水在此過著閉關式修行生活,非經允許,不得跨出山門一步。雲水多數出身家族代代相傳的寺院,也是未來家族寺院的住持接班人,但總也有與寺院素無淵源的禪修者。由於歷史的原因,日本僧侶可以娶妻、食肉,但在永平寺一天,即要嚴持戒律,沒有例外。

僧堂生活一日的內容大概是這樣的——

03：30 振鈴（起床；冬季為四點半）、洗面

03：40 曉天坐禪

04：30 朝課諷經

06：00 不定期小參

07：00 小食（早餐）

08：00 作務（迴廊掃除等）、講義

09：00 公務或坐禪

11：00 日中諷經

12：00 中食（中餐）

13：00 作務、講義

14：00 公務或坐禪

16：00 晚課諷經

17：00 藥石（晚餐）

18：00 講義、提唱

19：00 夜坐

21：00 開枕（就寢）

● 永平寺的最高處「法堂」,為法師說法之處。法堂中供奉觀世音菩薩,法壇前有白獅,並垂吊著華麗莊嚴的鎏金幢幡,據說這是遵循中國宋朝時的佈置。

　　一年三百六十五天，除非有特殊的儀式或法要，否則天天如此，以坐禪（曉天坐禪）開始、坐禪（夜坐）結束。晚上九點打「開枕鐘」，但沒有人立刻就寢，因為那是一天當中雲水們唯一的自由時間，可以寫信、讀書，一直到十點半為止。算算每天睡眠時間僅只五小時，如果輪值振鈴與敲鐘的公務，甚至一點半就要起床。

　　振鈴和迴廊掃除（濕抹布擦地板）都是用衝刺般的速度，這是行；每個雲水，不拘古參、新到，吃飯、打坐、睡覺都在同樣一張窄仄的榻榻米上，這是坐臥；早餐吃粥，配一點醬菜、一小撮鹽炒芝麻，中餐吃麥飯，配醬菜、味噌湯、一份小菜，晚餐和中餐一樣，唯小菜多一碟，這是食。吃飯前有各種供養、念誦，而展開餐具、打飯打菜、收拾餐具都要依照一套繁複的動作流暢進行，談不上細嚼慢嚥；粥、飯、湯可以再進（再來一份），配菜不行，對年輕僧侶而言基本上就是吃不飽。「三八日」（逢三與八的日子）清掃作務必須比平日更徹底，每個角落都不放過；「四九日」才有理髮與洗澡、洗衣服的時間。

　　以上還只是身體上的鍛鍊。叢林中嚴格以戒臘長短定尊

●永平寺前的一葉觀音與參天古木

卑，有一個詞叫「大己」，也就是戒臘比自己長，即使只是早一分鐘在山門脫下草鞋獲准入門，都是大己，你不可以直視大己、不可以對大己說不，做錯事、說錯話，就是一陣怒罵、巴掌甚至拳打腳踢伺候。沒有「我」，當然也就沒有「我」的尊嚴，這是精神上的折磨。

以今日普世價值來看，永平寺彷彿逆流而行，令外人不解。如此道元，或者說道元從大宋的曹洞宗道場帶回來的消息是什麼，又為何如此堅持？

或許他想說，修行不只是誦經、打坐，生活全般從洗臉、吃飯、應對進退，甚至上廁所都是修行，都值得用心，都同樣有意義。而這一切──簡約枯淡的生活、從內到外的潔淨利落、徹底脫落我見我執，即是摩頂放踵、以世尊為典範的佛行。

道元當年因機緣成熟，在如淨座下因一句「身心脫落」而開悟，也許有人要問到底他悟了什麼。不少人以為「開悟」大概會看到什麼瑞應、神通，又是大地震動，又是全身放光，打坐時還可以離地三尺，彷彿如此已經達成修行的目的，成佛成聖，從此無事可做；或者有人認為開悟之後才是真正修行

●山門全木構榫接

的開始。然而道元所透露的消息並非如此。

　　與如淨同樣出身明州的大梅法常禪師，第一次參禮馬祖道一即單刀直入問道「如何是佛」，馬祖說「即心是佛」，法常聽了若有所悟，後來長居大梅山隱修。經若干時日，馬祖刻意派一僧去探問虛實，問法常說，當年道一師跟您說了什麼，讓您幡然醒悟，帶著信心來大梅山繼續修行？法常答說「即心是佛」，僧於是跟他說，道一師「近日佛法又別（又有新的說法）」，法常問師父怎麼說，僧曰：「非心非佛。」法常聽了回他說：「這老漢惑亂人，未有了日，任你非心非佛，我只管即心是佛。」僧回去稟告馬祖，馬祖於上堂時對大眾說「梅子熟也」。如淨、道元想必都熟知此一公案，好一個「只管即心是佛」。

　　即使知道打坐是修行重要工夫的人，也難免在打坐上有太多想頭：坐姿對不對、該怎麼呼吸、數息好還是看話頭比較得力、念頭來了怎麼辦……人坐在禪床上，心意識卻滑溜

如佛一樣生活

猶如齊天大聖騎著筋斗雲，不但捉摸不住，還大鬧天宮。如果能夠只管打坐，不打妄想，（像證悟的佛一樣）離脫慾望（包括希求證悟、成佛之心）與煩惱，恢復本來面目，則修、證一等（打坐修行的當下即是證悟本身），公案（真理）現成，此即身心脫落；這時不再有脫落、不脫落的分別，此即脫落身心。

只管打坐，只管脫落、再脫落，不踟躕、不懷疑，認定坐禪就是正傳的佛法，就是佛佛相傳的心印，只管終生頂戴信受，貫徹奉行，「此外都無別事」。道元直陳了自己的見地，經過如淨的認可，一生參學之大事就此了畢，辦道之路開啟了全新的篇章。

我特別服膺曹洞宗出身、曾經在以嚴厲著名的永平寺禪修十九年（現在大部分修行僧只待一年）的南直哉（Minami Jikisai）關於開悟的說法：所謂「開悟」首先它必須是一種「變化」，一如《聖經》中的使徒保羅，原本是個視基督教為異端，並極力迫害基督徒的人，因為遭遇異象轉而皈信基督，並成為早期基督教會主要傳教者那樣，一個號稱有開悟體驗的人，必須在之後的實際生活中證明其非狂言妄語，讓人看到他的

如佛一樣生活

言（開悟內容）、行（悟後作為）一致，或至少努力使其一致。南直哉不愧是當代日本最具代表性禪師，能夠將被很多人視為神奇的「開悟」揭示得如此淺顯而直白。所以如果一個人自認開悟，但悟前悟後完全一個樣，恐怕是誤會一場。開悟本身並沒有什麼意義，除非開悟者用接下來所做的一切告訴世人（或者說向世人證明）開悟的核心內容。

· · ·

當道元落拓地空手還鄉，只因認得了眼橫鼻直，再「不被人瞞」。這讓我想起一則典故。

江戶時代的盤珪永琢禪師有一次到駿州（今靜岡縣）島田的靜居寺拜訪天桂傳尊，知客僧領著他在寺中四處巡觀，盤珪看到僧堂入口的匾額上寫著「選佛場」三個字，即說「是亦野狐窟（旁門左道）」，知客不解，向他請教是什麼意思，盤珪說：「眼被佛瞞！」後來知客轉述給天桂傳尊，天桂聽了非常震撼，開啟他後來悟道契機，成為道元禪的重要傳人。他

在元祿十年（1697）冬期結制安居某次小參上提醒禪人：慎防多聞博識而為智瞞，講究工夫打坐而為禪瞞，念誦看經而為佛瞞，參古則公案而為祖師瞞，或被眼、耳、鼻、舌、身、意所瞞。即使奉行和世尊一樣的冬、夏安居，也要隨時保持覺照，不要被「二千年前樣子瞞」；即使師父說「老僧從來不瞞人」，也不可盡信而為「天下老和尚舌頭瞞」。不是說燒香、禮拜、念佛、修懺、看經不重要，而是不要被經典、法事擺弄得目眩神迷，汲汲於分別如何是迷是悟、什麼是真是妄，而忽略了「腳跟下事」（觀照自身的體悟以驗證真理虛實）。他最後引用了道元的「認得眼橫鼻直，不被人瞞」，而天桂清明的開示與演繹，也為這句話下了最好的註腳。

道元也曾跟弟子懷奘提起他在天童寺修習期間發生的一段插曲。有天他正在看古人語錄，一位來自西蜀的同修問他：「看語錄要做什麼？」道元答：「回故鄉教化別人。」對方又問：「這樣有什麼用？」道元理所當然地答道：「可以利益眾生。」對方再追問：「畢竟何用？」道元突然語塞。

後來他才想清楚，不管讀語錄、公案，知道高僧大德的

行跡，或是讓執迷者通曉道理，如果連自己都不懂得真正的修行是什麼，你還拿什麼來開導別人？一如佛像並不等於佛法，這些在自身的修行與教導他人上都不管用；最重要的是老老實實只管打坐，不受他瞞，究明一生參學之大事，之後即使什麼都沒讀過，甚至一字不識，但在教化眾生上你卻什麼都不缺，萬事俱備、源源不絕[1]。

道元禪師與曹洞宗所揭櫫的「只管打坐」宗旨，之所以容易被誤解甚至貶斥，或許是因為許多人將眼目放在「打坐」上，而忽略了「只管」的眉角。

●永平寺廁所裡供奉的烏樞沙摩明王（也作烏芻沙摩明王），亦稱除穢金剛、火頭金剛或不淨金剛，具轉化不淨的清淨之德，燒除眾生煩惱妄見分別垢淨生滅之心。道元法師認為如廁也是生活修行的一部份，因此對禪修者使用廁所的程序與威儀規矩也一一精確制定。

1 見《正法眼藏隨聞記》卷三。

● 永平寺山門對聯：「家庭嚴峻不容陸老從真門入，鎖鑰放閑遮真善財進一步來」
「陸老」指為南泉普願禪師弟子宣州刺史陸亙大夫，代表特權階級；「善財」即
《華嚴經》中參訪五十三位善知識的「善財童子」，代表發菩提心勤奮求法者。
意謂永平寺家風嚴峻，若非真發願，即使權貴也不得其門而入，但對道心堅定者，
則大開門戶歡迎。
此山門為全木構，是永平寺現存建築中最古老的部分。

　　道元一再提點我們：證悟與修行不可分，佛法也不在生活之外。真正的修行，或者說正傳的佛法，即是讓一切回歸本來面目「做自己」。當我們說「美麗的玫瑰花」，但「美麗的」（外加的修飾語）、「玫瑰」（外加的名字）、「花」（外加的分類），以及香臭、美醜、花或草的分別，對於我們所指涉的事物本身並無意義，它就是「什麼物恁麼來」的那個（永恆而獨一無二的）「恁麼」的存在而已。所以打坐的當下，你就「只管打坐」，而不是透過打坐求開悟、圖作佛，因為如果還另有企求，即非「只管（不染污地行佛）」了。

　　融通東西哲學、深入佛法的傅偉勳先生，對道元在佛道修行尤其禪宗思想史上的突破性貢獻有著極高的評價，他在《道元》一書中所作的當代詮釋，對《正法眼藏》重要篇章的詳細解讀，深入淺出卻又推論謹嚴，讓我們得以一窺道元與曹洞禪的堂奧，試看他對「只管打坐」的慧解，即知其見地與工夫：

　　　道元突破傳統禪宗之處，就在以修證一如的「只管打坐」
　　　的時刻，當作（歷史的）「現在」與（超歷史的）「永恆」弔

如佛一樣生活

詭地交叉合致的時刻,即是歷史上的佛陀與世世代代的
諸佛諸祖解脫自在的時刻。自受用三昧的妙術妙用即在於
此。工夫即本體,本體即工夫,無所謂手段,亦無所謂目
的,每一無常的時刻即是悟道作佛的時刻,坐禪只是此
一時刻、此一境地的佛之姿態表現而已。[2]

現在的我們,和過去、未來的一切共同經歷「有時之而
今」(永恆的現在),而「在任何時節因緣的修行,即有佛性之
當下現成」,因此每一個此時此刻都一樣重要,每一個「恁麼」
的存在都同樣莊嚴,沒有誰是誰的工具,也沒有哪個是達成
別的什麼目標的手段,一種無分別的真平等。

這樣看來,「空手還鄉」的道元、「只管打坐」的永平寺,
卻又走在了當代的最前沿! ■

---

2 傅偉勳《道元》p.64,東大圖書公司,1996。

吳繼文／攝

活活法 1

如佛一樣生活

撰　　述　吳繼文
審　　訂　廖肇亨
繪　　圖　洪侃

總 編 輯　夏瑞紅
攝　　影　劉子
封面設計　張士勇
內頁編排　集一堂
行政編輯　謝依君

發 行 人　梁正中
出 版 者　正好文化事業股份有限公司
地　　址　台北市民權東路三段106巷21弄10號1樓
電　　話　（02）2545-6688
網　　站　www.zenhow.group/book
電子信箱　book@zenhow.group

總 經 銷　時報文化出版企業股份有限公司
電　　話　（02）2306-6842
地　　址　桃園市龜山區萬壽路2段351號
製版印刷　中原造像股份有限公司

初版一刷　2021年2月
定　　價　新台幣420元

國家圖書館出版品預行編目（CIP）資料

如佛一樣生活：道元法師與曹洞禪風
／吳繼文撰述；洪侃繪圖. -- 初版. --
臺北市：正好文化事業股份有限公司,
2021.02
264面；17×22公分. --（活活法；1）
ISBN 978-986-97155-9-1（平裝）
1.禪宗 2.佛教修持
226.65　　　　　　　　109021928

正　　好　　讀　　書

正好讀書